일 본 어 능 력 시 험

딱! 한 권 JLPT N4 문법

저자 JLPT연구모임

일 본 어 능 력 시 험

JLPT
N4 문법

초판인쇄	2021년 6월 2일
초판발행	2021년 6월 12일

저자	JLPT연구모임
책임 편집	조은형, 무라야마 토시오, 박현숙, 손영은, 김성은
펴낸이	엄태상
해설진	한고운, 김수빈
디자인	권진희
조판	이서영
콘텐츠 제작	김선웅, 김현이
마케팅	이승욱, 전한나, 왕성석, 노원준, 조인선, 조성민
경영기획	마정인, 조성근, 최성훈, 정다운, 김다미, 오희연
물류	정종진, 윤덕현, 양희은, 신승진

펴낸곳	시사일본어사(시사북스)
주소	서울시 종로구 자하문로 300 시사빌딩
주문 및 교재 문의	1588-1582
팩스	0502-989-9592
홈페이지	www.sisabooks.com
이메일	book_japanese@sisadream.com
등록일자	1977년 12월 24일
등록번호	제 300-1977-31호

ISBN 978-89-402-9326-3 (13730)

머리말

일본어능력시험은 N4와 N5에서는 주로 교실 내에서 배우는 기본적인 일본어를 어느 정도 이해할 수 있는 레벨인가를 측정하며, N1과 N2에서는 폭넓은 분야에서 일본어를 어느 정도 이해할 수 있는지, N3는 N1, N2와 N4, N5의 가교 역할을 하며 일상적인 장면에서 사용되는 일본어의 이해를 측정합니다. 일본어능력시험 레벨 인정의 목표는 '읽기', '듣기'와 같은 언어행동의 표현입니다. 언어행동을 표현하기 위해서는 문자·어휘·문법 등의 언어지식도 필요합니다. 즉, 어휘나 한자, 문법 항목의 무조건적인 암기가 아니라, 어휘나 한자, 문법 항목을 커뮤니케이션 수단으로서 실제로 활용할 수 있는가를 측정하는 것이 목표입니다.

본 교재는 新일본어능력시험 개정안에 따라 2010년부터 최근까지 새롭게 출제된 기출문제를 철저히 분석하여, 일본어 능력시험 초심자를 위한 상세한 설명과 다량의 확인문제를 수록하고, 중·고급 학습자들을 위해 난이도 있는 실전문제를 다루었습니다. 또한 혼자서도 충분히 합격할 수 있도록, 상세한 해설을 첨부하였습니다. 시중에 일본어능력시험 수험서는 많이 있지만, 학습자들이 원하는 부분을 콕 집어 효율적인 학습을 할 수 있는 교재는 그다지 많지 않습니다.

이러한 점을 고려하여 본 JLPT연구모임에서는 수년간의 분석을 통해 적중률과 난이도를 연구하여, 일본어능력시험을 준비하는 학습자가 이 책 한 권이면 충분하다고 느낄 정도의 내용과 문제를 실었습니다. 한 문제 한 문제 꼼꼼하게 풀어 보시고, 일본어능력시험에 꼭 합격하시기를 진심으로 기원합니다.

JLPT연구모임

1 교시 언어지식(문자·어휘·문법)/독해

문자·어휘

출제 빈도순 어휘 ➡ 기출어휘 ➡ 확인문제

1교시 문자·어휘 파트에서는 문제 유형별 출제 빈도순으로 1순위부터 3순위까지 정리하여 어휘를 제시한다. 가장 많이 출제되고 있는 1자 한자부터, 동작성 명사, 형용사, 동사, 닮은꼴 한자, 명사순으로 어휘를 학습한 후, 확인문제를 풀어보면서 확인하고, 확인문제를 학습 후에는 실전문제를 풀면서 총정리를 한다. 각 유형별로 제시한 어휘에는 최근 출제되었던 단어를 표기해 놓았다.

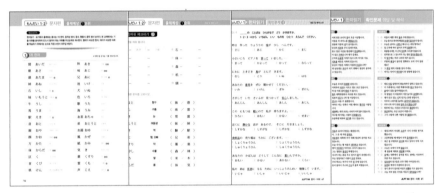

문법

기초문법 ➡ 필수문법 ➡ 확인문제

N4 필수 문법과 경어를 학습하고 확인 문제를 차근차근 풀며 체크할 수 있도록 다량의 문제를 실어 놓았으며, 처음 시작하는 초보자를 위해 시험에 자주 등장하는 기초문법을 수록해 놓았다. 확인문제까지 학습한 뒤에는 난이도 있는 문제를 풀며 실전에 대비할 수 있도록 했다.

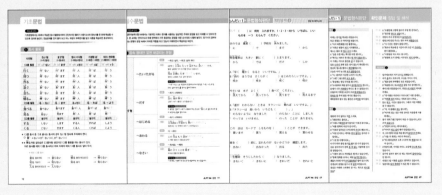

독해

독해의 비결 ➡ 영역별 확인문제

이제 더 이상 문자·어휘·문법에만 집중해서는 안 된다. 과목별 과락이라는 제도가 생기면서, 독해와 청해의 비중이 높아졌기 때문에 모든 영역을 균형있게 학습해야 한다. 본 교재에서는 독해의 비결을 통해, 글을 분석할 수 있는 노하우를 담았다. 문제만 많이 푼다고 해서 점수가 잘 나오는 것이 아니므로, 원리를 잘 파악해 보자.

---

2 교시 청해

청해의 비결 ➡ 영역별 확인문제

독해와 함께 청해의 비중도 높아졌으며, 단어 하나하나의 의미를 꼼꼼히 듣는 문제보다는 상담·준비·설명·소개·코멘트·의뢰·허가 등 어떤 주제로 회화가 이루어지는지, 또한 칭찬·격려·질책·변명·걱정 등 어떤 장면인지를 파악해야 하는 문제들이 출제되고 있다. 이에 본 교재는 다양한 주제를 접할 수 있도록 구성하였다.

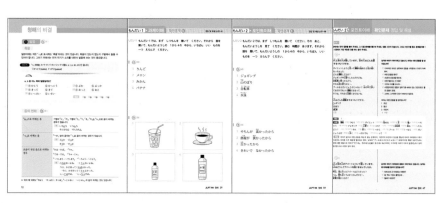

● ◤ 실전모의테스트 3회분 (영역별 2회분 + 온라인 종합 1회분)

질로 승부한다!

JLPT연구모임에서는 몇 년 동안 완벽한 분석을 통해 적중률과 난이도를 조정하여, 실전모의테스트를 제작하였다. 혼자서도 공부할 수 있도록 자세한 해설을 수록해 놓았다.

● ◤ 무료 동영상 해설 강의

1타 강사들의 명쾌한 실전모의테스트 해설 특강!!

언제 어디서나 꼼꼼하게 능력시험을 대비할 수 있도록 동영상 강의를 제작하였다. 질 좋은 문제와 명쾌한 해설로 실전에 대비하길 바란다.

차례

문법

실전모의테스트

❶ 시험과목과 시험시간

레벨	시험과목 (시험시간)		
N1	언어지식 (문자 · 어휘 · 문법) · 독해 (110분)		청해 (60분)
N2	언어지식 (문자 · 어휘 · 문법) · 독해 (105분)		청해 (50분)
N3	언어지식 (문자 · 어휘) (30분)	언어지식 (문법) · 독해 (70분)	청해 (45분)
N4	언어지식 (문자 · 어휘) (25분)	언어지식 (문법) · 독해 (55분)	청해 (40분)
N5	언어지식 (문자 · 어휘) (20분)	언어지식 (문법) · 독해 (40분)	청해 (35분)

❷ 시험점수

레벨	배점구분	득점범위
N1	언어지식(문자 · 어휘 · 문법)	0~60
	독해	0~60
	청해	0~60
	종합배점	0~180
N2	언어지식(문자 · 어휘 · 문법)	0~60
	독해	0~60
	청해	0~60
	종합배점	0~180
N3	언어지식(문자 · 어휘 · 문법)	0~60
	독해	0~60
	청해	0~60
	종합배점	0~180
N4	언어지식(문자 · 어휘 · 문법) · 독해	0~120
	청해	0~60
	종합배점	0~180
N5	언어지식(문자 · 어휘 · 문법) · 독해	0~120
	청해	0~60
	종합배점	0~180

❸ 합격점과 합격 기준점

N4의 합격점은 90점이며, 과목별 합격 기준점은 언어지식 · 독해 38점, 청해 19점입니다.

❹ 문제유형

Ⅰ. 언어지식(문자·어휘·문법)　Ⅱ. 독해　Ⅲ. 청해

시험과목		큰 문제	예상 문항 수	문제 내용	적정 예상 풀이 시간	파트별 소요 예상 시간	대책
언어 지식 (25분)	문자·어휘	문제 1	9	한자 읽기 문제	3분	문자·어휘 15분	문자·어휘 파트의 시험시간은 25분으로 문제 푸는 시간을 15분 정도로 생각하면 시간은 충분하다. 나머지 10분 동안 마킹과 점검을 하면 된다.
		문제 2	6	한자 쓰기 문제	3분		
		문제 3	10	문맥에 맞는 적절한 어휘 고르는 문제	6분		
		문제 4	5	주어진 어휘와 비슷한 의미의 어휘를 찾는 문제	3분		
		문제 5	5	제시된 어휘의 의미가 올바르게 쓰였는지를 묻는 문제	5분		
언어 지식 · 독해 (55분)	문법	문제 1	15	문장의 내용에 맞는 문형표현 즉 기능어를 찾아서 넣는 문제	6분	문법 18분	총 55분 중에서 문제 푸는 시간 45분, 나머지 10분 동안 마킹과 마지막 점검을 하면 된다.
		문제 2	5	나열된 단어를 의미에 맞게 조합하는 문제	5분		
		문제 3	5	글의 흐름에 맞는 문법 찾아내기 문제	7분		
	독해	문제 4	4	단문(100~200자 정도) 이해	10분	독해 27분	
		문제 5	4	중문(450자 정도) 이해	10분		
		문제 6	2	400자 정도의 글을 읽고 필요한 정보 찾기	7분		
청해 (40분)		문제 1	8	과제 해결에 필요한 정보를 듣고 나서 무엇을 해야 하는지 찾아내기	약 12분 (한 문항당 약 1분 30초)		총 40분 중에서 문제 푸는 시간은 대략 35분 될 것으로 예상한다. 나머지 시간은 질문 읽는 시간과 문제 설명이 될 것으로 예상한다. 마킹할 시간이 따로 주어지지 않기 때문에 반드시 마킹을 하면서 듣기 문제를 풀어야 한다.
		문제 2	7	대화나 혼자 말하는 내용을 듣고 포인트 파악하기	약 13분 25초 (한 문항당 약 1분 55초)		
		문제 3	5	그림을 보면서 상황 설명을 듣고 화살표가 가리키는 인물의 대답 찾기	약 2분 40초 (한 문항당 약 40초)		
		문제 5	8	짧은 문장을 듣고 그에 맞는 적절한 응답 찾기	약 4분 30초 (한 문항당 약 30초)		

문법 접속 활용표

〈활용형과 품사의 기호〉

활용형과 품사의 기호	예
명사	雪
동사 사전형	持つ・見る・する・来る
동사 ます형	持ちます・見ます・します・来ます
동사 ない형	持たない・見ない・しない・来ない
동사 て형	持って・見て・して・来て
동사 た형	持った・見た・した・来た
동사 의지형	持とう・見よう・しよう・来よう
동사 가정형	持てば・見れば・すれば・来れば
동사 명령형	持て・見ろ・しろ・来い
イ형용사 사전형	暑い
イ형용사 어간	暑い
イ형용사 て형	暑くて
ナ형용사 사전형	丈夫だ
ナ형용사 어간	丈夫だ
ナ형용사 て형	丈夫で
する동사의 명사형	散歩・運動・料理 등 [する]를 뒤에 붙일 수 있는 명사

〈접속방법 표시 예〉

[보통형]

동사	聞く	聞かない	聞いた	聞かなかった
イ형용사	暑い	暑くない	暑かった	暑くなかった
ナ형용사	上手だ	上手ではない	上手だった	上手ではなかった
명사	学生だ	学生ではない	学生だった	学生ではなかった

[명사수식형]

동사	聞く	聞かない	聞いた	聞かなかった
イ형용사	暑い	暑くない	暑かった	暑くなかった
ナ형용사	上手な	上手ではない	上手だった	上手ではなかった
명사	学生の	学生ではない	学生だった	学生ではなかった

10

JLPT

N4

文法

- 기초문법
- 필수문법

- もんだい 1 문법형식판단
- もんだい 2 문장만들기
- もんだい 3 글의 문법

기초**문법**

학습포인트

기초문법에서는 N5에서 학습한 동사 활용에서부터 간단하지만 틀리기 쉬운 조사와 접속사를 한 번에 학습할 수 있도록 정리해 놓았다. 연습문제를 먼저 풀어 보고 어느 부분이 부족한지를 알고 이론을 학습하면 효과적이다.

❶ 동사 활용

사전형	ない형 (~지 않다)	ます형 (~입니다)	명사 수식형 (~하는+명사)	가정형 ば (~하면·~라면)	의지·권유형 (~해야지·~하자)
1그룹 활용	u → aない	u → iます	u → u+명사	u → e+ば	u → o+う
行く	行かない	行きます	行く人	行けば	行こう
待つ	待たない	待ちます	待つ人	待てば	待とう
作る	作らない	作ります	作る人	作れば	作ろう
急ぐ	急がない	急ぎます	急ぐ人	急げば	急ごう
会う★	会わない	会います	会う人	会えば	会おう
帰る★★	帰らない	帰ります	帰る人	帰れば	帰ろう
2그룹 활용	る → ない	る → ます	る+명사	る → れば	る → よう
食べる	食べない	食べます	食べる人	食べれば	食べよう
見る	見ない	見ます	見る人	見れば	見よう
3그룹 활용	불규칙	불규칙	불규칙	불규칙	불규칙
する	しない	します	する人	すれば	しよう
くる	こない	きます	くる人	くれば	こよう

★ 1그룹 동사 중 う로 끝나는 동사의 경우 ない형 접속에 주의해야 한다.
　⑩ 買う+ない=かわない(○), かあない(×)

★★ 帰る처럼 겉모습은 2그룹처럼 생겼지만 1그룹 활용을 하는 동사가 있다.
　이런 동사를 예외 1그룹 동사라고 하며 아래의 예외 1그룹 동사도 알아 두자.

　▶예외 1그룹 동사

要る 필요하다 → 要らない	帰る 돌아가다(오다) → 帰らない
切る 자르다 → 切らない	知る 알다 → 知らない
入る 들어가다(오다) → 入らない	

❷ 조사

~は	~은, ~는	**주격조사** 今日は 水曜日です。 오늘은 수요일입니다. **딱! 한권 선생님의 한마디!** ◀ 주격조사란? 문장의 주체를 나타내요.
~が	~(지)만 ~이, 가 ~을, 를	**역접의 용법** 運動は 好きですが、上手じゃありません。 운동은 좋아하지만 잘하지 못합니다. **주격조사** これが きのう 買った カメラです。 이것이 어제 산 카메라입니다. わたしが ご案内します。 제가 안내해 드리겠습니다. **기타용법** わたしは いちごが 好きです。 저는 딸기를 좋아합니다. わたしは 運動が きらいです。 저는 운동을 싫어합니다. 赤い かばんが ほしいです。 빨간 가방을 가지고 싶습니다. 日本語が わかりますか。 일본어를 알아요? **딱! 한권 선생님의 한마디!** ~がすきだ(~이 좋다, ~을 좋아하다) ~がきらいだ(~이 싫다, ~을 싫어하다) ~がじょうずだ(~이 능숙하다, ~을 잘하다) ~がへただ(~이 서툴다, ~을 못하다) ~がほしい(~이 갖고 싶다, ~을 원하다) ~がわかる(~이 알려지다, ~을 이해할 수 있다) 위의 어휘는 목적격조사「を」대신에「が」를 쓰고 한국어로는 '~이, ~가, ~을, ~를'로 해석할 수 있어요.
~を	~을	**목적격조사** スーパーで くだものを 買ってきました。 슈퍼에서 과일을 사 왔습니다. **통과점** 空を 飛びます。 하늘을 납니다. 私は 毎朝 さくら公園を 通って 会社へ 行っています。 저는 매일 아침 사쿠라 공원을 지나서 회사에 가고 있습니다. **출발점·기점** 電車を降ります。 전철을(에서) 내립니다.

기초**문법**

~に	~에, ~에게, ~(으)로, ~을, 를,	방향 いま、どこに 行^いきますか。 지금 어디에 갑니까? 존재장소 テーブルの 上^{うえ}に ねこが います。 테이블 위에 고양이가 있습니다. 部長^{ぶちょう}はいま 会議室^{かいぎしつ}に います。 부장님은 지금 회의실에 있습니다. 시간 じゅぎょうは 何時^{なんじ}に 始^{はじ}まりますか。 수업은 몇 시에 시작됩니까? 毎朝^{まいあさ}、7時^じに 起^おきます。 매일 아침 7시에 일어납니다. 상대 友^{とも}だちに 本^{ほん}を あげた。 친구에게 책을 주었다. 선택 わたしは コーヒーに します。 저는 커피로 하겠습니다. 何^{なに}に なさいますか。 무엇으로 하시겠습니까? 도달점 この バスは もうすぐ 新宿区^{しんじゅくく}に 入^{はい}ります。 이 버스는 곧 신주쿠구에 들어섭니다. 기타용법 地下鉄^{ちかてつ}に(를) 乗^のって きました。 지하철을 타고 왔습니다. 恋人^{こいびと}に(를) 会^あいたいです。 애인을 만나고 싶습니다. あねは 母^{はは}に(를) 似^にて います。 언니는 엄마를 닮았습니다. 旅行^{りょこう}に(를) 行^いきたいです。 여행을 가고 싶습니다. **딱! 한권** 선생님의 한마디! 기타 용법은 관용구처럼 외워야 하는 표현이에요. 조사 「に」를 사용하지만 '~을, ~를'로 해석합니다.
~と	~와, 과 ~라고	열거 日本語^{にほんご}と 英語^{えいご}の 勉強^{べんきょう}を して います。 일본어와 영어 공부를 하고 있습니다. 인용 あしたは はれると 思^{おも}います。 내일은 맑을 거라고 생각합니다.

～で	～에서, ～으로	장소
		きっさてんで コーヒーを 飲む ことが 好きです。 찻집에서 커피를 마시는 것을 좋아합니다.
		수단·방법
		おなまえは ペンで 書いて ください。 이름은 펜으로 써 주세요.
		원인
		風邪で 学校を 休みました。 감기로 학교를 쉬었습니다.
		재료
		バターと 卵で(≒から) ケーキを 作ります。 버터와 계란으로 케이크를 만듭니다.
～から	～부터, ～니까	출발점
		学校の じゅぎょうは 9時から 始まります。 학교 수업은 9시부터 시작됩니다.
		원료
		チーズは ぎゅうにゅうから(≒で) 作ります。 치즈는 우유로부터 만듭니다.
		원인·이유
		熱いですから 気を つけて ください。 뜨거우니까 조심하세요.
～ので	～므로, ～때문에	원인·계기
		朝早く 家の 外で だれかが 話す 声が 聞こえたので 起きて しまった。 아침 일찍 집 밖에서 누군가가 이야기하는 소리가 들려서 깨고 말았다.
～も	～도, ～이나	추가
		明日も 会社に 行かなければ なりません。 내일도 회사에 가야만 합니다.
		강조
		今日コーヒーを 3杯も 飲んだよ。 오늘 커피를 세 잔이나 마셨어.
		何度も 電話しましたが 出ませんでした。 몇 번이나 전화했지만 받지 않았습니다.

기초**문법**

1 연습해 봅시다. **올바른 것을 고르세요.**

(1) 教室（で・に）学生が います。

(2) 教室（で・に）会議が あります。

(3) 教室（で・に）歌を 歌って います。

(4) 電車は もうすぐ 新宿駅（で・に・を）入ります。

(5) 電車は この 町（で・に・を）通ります。

(6) 電車（で・に・を）降りて、バスに 乗りかえます。

(7) かばん（から・に）さいふを 出します。

(8) かばん（から・に）さいふを 入れます。

(9) 友だち（に・と）写真を 見せます。

(10) 友だち（に・と）けんかを しました。

(11) 今日 みかんを 20個（も・まで）食べました。

(12) たいふう（から・で）家が 倒れました。

정답	(1) に	(2) で	(3) で	(4) に	(5) を	(6) を
	(7) から	(8) に	(9) に	(10) と	(11) も	(12) で

❸ 접속사

そして	그리고	**첨가** 友<ruby>とも</ruby>だちに 会<ruby>あ</ruby>いました。そして コーヒーを 飲<ruby>の</ruby>みました。 친구를 만났습니다. 그리고 커피를 마셨습니다.
それから	그리고, 그리고 나서	**첨가** 勉強<ruby>べんきょう</ruby>を しました。それから 少<ruby>すこ</ruby>し 休<ruby>やす</ruby>みました。 공부를 했습니다. 그리고 나서 조금 쉬었습니다.
それに	게다가	**첨가** この 店<ruby>みせ</ruby>は 安<ruby>やす</ruby>いです。それに おいしいです。 이 가게는 쌉니다. 게다가 맛있습니다.
それで	그래서	**이유** 本<ruby>ほん</ruby>を 忘<ruby>わす</ruby>れて きた。それで 友<ruby>とも</ruby>だちに 見<ruby>み</ruby>せて もらった。 책을 안 가져왔다. 그래서 친구가 보여 주었다.
だから	그렇기 때문에	**이유** かれは いつも 夜<ruby>よる</ruby> おそくまで テレビを 見<ruby>み</ruby>ます。だから、毎日<ruby>まいにち</ruby> 会社<ruby>かいしゃ</ruby>に おくれます。 그는 항상 밤 늦게까지 텔레비전을 봅니다. 그렇기 때문에 매일 회사에 늦습니다.
なぜなら	왜냐하면	**이유** かのじょは とても 有名<ruby>ゆうめい</ruby>です。なぜなら、日本語<ruby>にほんご</ruby>が 上手<ruby>じょうず</ruby>で きれいだからです。 그녀는 매우 유명합니다. 왜냐하면 일본어를 잘하고 예쁘기 때문입니다.
すると	그러자	**원인·계기** ダイエットを しました。すると、5キロも やせました。 다이어트를 했습니다. 그러자 5킬로그램이나 살이 빠졌습니다.
でも	그러나	**역접** 日本語<ruby>にほんご</ruby>は 上手<ruby>じょうず</ruby>じゃ ありません。でも、好<ruby>す</ruby>きです。 일본어는 잘하지 않습니다. 하지만 좋아합니다.
けれども	하지만	**역접** 料理<ruby>りょうり</ruby>は 難<ruby>むずか</ruby>しい。けれども おもしろい。 요리는 어렵다. 하지만 재미있다.
しかし	그러나	**역접** 風邪<ruby>かぜ</ruby>を ひいた。しかし、熱<ruby>ねつ</ruby>は ない。 감기에 걸렸다. 그러나 열은 없다.

2 연습해 봅시다. 올바른 것을 고르세요.

(1) 昼は アルバイトを しました。(　　　)、夜は 勉強を しました。
　　① だから　　　　　　　　② そして

(2) 山田と けんかを した。(　　　)、会いたく ない。
　　① それから　　　　　　　② それで

(3) 駅前の 店は 高いです。(　　　)、おいしいです。
　　① でも　　　　　　　　　② それなら

(4) 雨が 降って います。(　　　)、風も ふいて きて 出かけませんでした。
　　① でも　　　　　　　　　② それに

(5) 日本語の 文法は 難しい。(　　　)、おもしろい。
　　① けれども　　　　　　　② それで

(6) 窓を 開けました。(　　　)、冷たい 風が 入って きました。
　　① それに　　　　　　　　② すると

(7) さいふを 家に 忘れました。(　　　)、電車に 乗らないで 歩きます。
　　① けれども　　　　　　　② だから

(8) 風邪を ひきました。(　　　)、会社を 休みませんでした。
　　① でも　　　　　　　　　② それから

(9) 車を 持って きました。(　　　)、今日は 飲めません。
　　① それに　　　　　　　　② だから

(10) 午前は 歯医者に 行った。(　　　)、午後は 目の 病院に 行った。
　　① それから　　　　　　　② それで

정답　(1) ②　　　　(2) ②　　　　(3) ①　　　　(4) ②　　　　(5) ①
　　　(6) ②　　　　(7) ②　　　　(8) ①　　　　(9) ②　　　　(10) ①

학습포인트

일본어능력시험 N4에서는 기본적인 어휘나 한자를 사용하는 일상적인 주제의 문장을 읽고 이해할 수 있어야 한다. 본 교재는 언어지식과 독해 영역에서 자주 등장하는 문법을 쉬운 순서대로 나열해 놓았다. 암기식의 공부보다는 문형이 문장 속에서 어떠한 역할을 하고 있는지 이해하면서 학습하길 바란다.

❶ 접속 형태만 알면 해결되는 문형

ます형			
	～たい/たがる	의미	～하고 싶다, ～하고 싶어 하다
		예문	はやく 日本に 行って 友だちに 会いたいです。 빨리 일본에 가서 친구를 만나고 싶습니다. 母は 京都に 行きたがって います。 엄마는 교토에 가고 싶어 합니다. **딱! 한권** 선생님의 한마디! 「～が ～たい」는 1인칭과 2인칭에 쓰이며 3인칭은 「～を ～たがる (하고 싶어 한다)」를 쓴다는 점에 주의하자.
	～だす	의미	～하기 시작하다
		예문	急に 雨が 降りだしました。 갑자기 비가 내리기 시작했습니다. **딱! 한권** 선생님의 한마디! 이 표현은 '갑자기 ～하기 시작하다'라는 뜻으로 「急に」와 같은 부사와 많이 쓰인다는 점도 알아 두자.
	～はじめる	의미	～하기 시작하다
		예문	日本語は 1年前から 習いはじめました。 일본어는 1년 전부터 배우기 시작했습니다.
	～おわる	의미	다 ～하다
		예문	この 本は もう 読みおわりましたか。 이 책은 벌써 다 읽었습니까?
	～なさい	의미	～하세요, ～해라
		예문	親の 言う ことを 聞きなさい。 부모님 말씀 잘 들어라. **딱! 한권** 선생님의 한마디! "～하세요, ～해라"의 뜻으로 윗사람에게는 쓰지 않습니다.

필수문법

	~にくい	의미	~하기 어렵다, ~하기 힘들다
ます형		예문	この 本は 字が 小さくて 読みにくいです。 이 책은 글자가 작아서 읽기 힘듭니다.
	~やすい	의미	~하기 쉽다, ~하기 편하다, ~하기 좋다
		예문	あの 先生は ゆっくり 話して くれるから 分かりやすいです。 저 선생님은 천천히 말해 주기 때문에 이해하기 쉽습니다.
	~方	의미	~하는 방법
		예문	この パソコンの 使い方を 教えて ください。 이 컴퓨터의 사용법을 알려 주세요.
	~ながら	의미	~하면서
		예문	音楽を 聞きながら うんてんを して います。 음악을 들으면서 운전을 하고 있습니다.

	~ないで ~ずに	의미	~하지 않고
ない형		예문	外国語の 勉強は むりしないで(せずに) 毎日 少しずつ するのが いいです。 외국어 공부는 무리하지 않고 매일 조금씩 하는 것이 좋습니다. **딱! 한권** 선생님의 한마디! 같은 의미의 「~ずに」도 출제되고 있으므로 함께 알아 두자. 접속 형태는 「ないで」와 같지만 「する」의 접속 형태에 주의하자! 「行く → 行かずに / 食べる → 食べずに / くる → こずに / する → せずに」
	~なくて	의미	~하지 않아서
		예문	会社に ケータイを 持って いかなくて とても こまりました。 회사에 핸드폰을 가지고 가지 않아서 매우 곤란했습니다.
	~なくてもいい	의미	~하지 않아도 된다
		예문	忙しければ 来なくても いいです。 바쁘면 오지 않아도 좋습니다.
	~なければ ならない	의미	~하지 않으면 안 된다
		예문	明日は 会議が あるから 早く 起きなければなりません。 내일은 회의가 있으니까 일찍 일어나야 합니다.
	~ないでください	의미	~하지 마세요
		예문	これは あぶない ものだから さわらないでください。 이것은 위험한 물건이니까 만지지 마세요.

て형	~ている	의미	~하고 있다
		예문	弟は としょかんで 本を 読んで います。 남동생은 도서관에서 책을 읽고 있습니다.
	~てしまう	의미	~해 버리다
		예문	おいしくて ぜんぶ 食べて しまいました。 맛있어서 전부 먹어 버렸습니다.
	~てから	의미	~고 나서
		예문	授業が 終わってから 友だちに 会いに 行きます。 수업이 끝나고 나서 친구를 만나러 갑니다.
	~てみる	의미	~해 보다
		예문	わたしも よく 分からないから 先生に 聞いて みます。 나도 잘 모르니까 선생님에게 물어보겠습니다.
	~ておく	의미	~해 놓다, ~해 두다
		예문	ドアを 開けて おきましたか。 문을 열어 두었습니까?
	~てください	의미	~해 주세요
		예문	すみません、ちょっと 待って ください。 죄송합니다. 잠깐 기다려 주세요.

た형	~たことがある	의미	~한 적이 있다
		예문	日本に 行った ことが ありますか。 일본에 간 적이 있습니까?
	~たとおり	의미	~한 대로
		예문	試験は 思った とおり 難しかったです。 시험은 생각한 대로 어려웠습니다.
	~たり~たりする	의미	~하거나 ~하거나 하다
		예문	週末は 買い物を したり 映画を 見たり します。 주말은 쇼핑을 하기도 하고 영화를 보기도 합니다.
	~たまま	의미	~한 채
		예문	まどを 開けた まま 寝て しまいました。 창문을 연 채로 자 버렸습니다.
	~たほうがいい	의미	~하는 편이 좋다
		예문	むりしないで 休んだ ほうが いいですよ。 무리하지 말고 쉬는 편이 좋아요.

~ることがある	의미	(가끔) ~하는 경우(때)가 있다 ★동사 사전형에 접속
	예문	たまに 天気_{てんき}の いい 日_ひは 散歩_{さんぽ}する ことが あります。 가끔 날씨가 좋은 날은 산책할 때가 있습니다.
	땅! 한권 선생님의 한마디! 「동사 기본형+ことがある」는 때때로 또는 가끔 어떤 사건이 일어남을 나타내기 때문에 빈도가 잦은 사건에는 쓸 수 없으며 「よく」라는 부사도 붙지 않아요.	

| ~たことがある | 의미 | (과거에) ~한 적이 있다 〈경험〉 ★동사 과거형에 접속 |
| | 예문 | 日本_{にほん}に 行_いった とき、カラオケに 行_いった ことが あります。
일본에 갔을 때, 노래방에 간 적이 있습니다. |

| ~ることにする | 의미 | ~하기로 하다 〈결심〉 ★동사 사전형에 접속 |
| | 예문 | 明日_{あした}から ダイエットを する ことに しました。
내일부터 다이어트를 하기로 했습니다. |

| ~ることになる ⑱ | 의미 | ~하게 되다 ★동사 사전형에 접속 |
| | 예문 | 来週_{らいしゅう}、中国_{ちゅうごく}に 出張_{しゅっちょう}に 行_いく ことに なりました。
다음 주, 중국으로 출장 가게 되었습니다. |

| ~たところだ | 의미 | 지금 막 ~한 참이다 ★동사 과거형에 접속 |
| | 예문 | いま、くうこうに 着_ついた ところです。
지금 공항에 막 도착했습니다. |

| ~るところだ | 의미 | 이제 ~하려는 참이다 ★동사 사전형에 접속 |
| | 예문 | いまから 料理_{りょうり}を 作_{つく}る ところです。
지금부터 요리를 만들려는 참입니다. |

| ~ているところだ | 의미 | ~하고 있는 중이다 |
| | 예문 | インターネットで 飛行機_{ひこうき}の 時間_{じかん}を 調_{しら}べて いる ところです。
인터넷으로 비행기 시간을 알아보고 있는 중입니다. |

필수문법

～まで	**의미** ～까지 (기간, まで＋계속동사★) **예문** 夏休^{なつやす}みは 2月^{がつ}（まで / までに）です。 여름 방학은 2월까지입니다. わたしは 2016年^{ねん}（まで / までに）東京^{とうきょう}で 住^すんで いました。 나는 2016년까지 도쿄에서 살았습니다. つぎの 試合^{しあい}（まで / までに）トレーニングを 続^{つづ}ける つもりだ。 다음 시합까지 연습을 계속할 예정이다. 山田^{やまだ}さんの おばあさんは 100さい（まで / までに）生^いきたそうだ。 야마다 씨의 할머니는 100세까지 살았다고 한다. 熱^{ねつ}が ある 時^{とき}は、下^さがる（まで / までに）寝^ねた ほうが いいです。 열이 있을 때는, 떨어질 때까지 자는 편이 좋습니다. **딱! 한권 선생님의 한마디!** ★계속동사란? 시간의 지속성을 가지는 동사로 계속적인 용법을 갖는 「まで」 뒤에는 다음과 같은 계속동사가 등장해요. 待^まつ(기다리다)・いる(있다)・続^{つづ}ける(계속하다)・働^{はたら}く(일하다)・休^{やす}む(쉬다)・ 生^いきる(살다)・寝^ねる(자다)
～までに	**의미** ～까지 (기한, までに＋기한동사★) **예문** 試験^{しけん}の 日^ひは あさ 9時^じまでに 教室^{きょうしつ}に 入^{はい}らなければ なりません。 시험 날은 아침 9시까지 교실에 들어가야 합니다. レポートは 明日^{あした} 午後^{ごご} 5時^じ（まで / までに）出^だして ください。 리포트는 내일 오후 5시까지 제출해 주세요. この 本^{ほん}は、2月^{がつ} 28日^{にち}（まで / までに）返^{かえ}して ください。 이 책은, 2월 28일까지 반납해 주세요. 会議^{かいぎ}は 遅^{おそ}くても 4時^じ（まで / までに）終^おわるだろう。 회의는 늦어도 4시까지 끝나겠지. 明日^{あした}の 夕方^{ゆうがた}（まで / までに）お酒^{さけ}を 買^かって おいて ください。 내일 저녁 무렵까지 술을 사 놔 주세요. **딱! 한권 선생님의 한마디!** ★기한동사란? 동작의 완료 기한이 있는 동사로 기한의 용법을 가지고 있는 「までに」 뒤에는 다음과 같은 기한동사가 등장해요. 返^{かえ}す(돌려주다)・提出^{ていしゅつ}する(제출하다)・終^おわる(끝나다)・始^{はじ}める(시작하다)・ 結婚^{けっこん}する(결혼하다)・出^だす(제출하다)・決^きめる(정하다)

～ばかり ～てばかりいる	의미	～만, ～하기만 한다
	예문	弟は そとで 遊ばないで ゲームばかり して います。 남동생은 밖에서 놀지 않고 게임만 하고 있습니다. 明日 試験なのに 弟は 遊んで ばかり いる。 내일 시험인데 남동생은 놀기만 한다.
～だけ	의미	～만
	예문	みんな せが 高い。でも、わたしだけ せが 低い。 모두 키가 크다. 하지만 나만 키가 작다.
～しか(～ない)	의미	～밖에 (～없다)
	예문	兄は ネクタイを 30本 以上 持って いますが、私は 2本しか 持っ て いません。⑱ 형은 넥타이를 30개 이상 가지고 있지만 저는 2개 밖에 가지고 있지 않습니다.
～ように	의미	～(하)도록
	예문	明日は みんな はやく 来るように。 내일은 모두 일찍 오도록. やくそくを 忘れないように。 약속을 잊지 않도록. **딱! 한권** 선생님의 한마디! 접속 형태는 [동사 사전형 / 동사 ない형–ない / 가능형] + ように가 됩니다.
～ように する	의미	～(하)도록 하다
	예문	これからは がんばるように します。よろしく おねがいします。 앞으로 열심히 하도록 하겠습니다. 잘 부탁드립니다.
～ように なる	의미	～(하)게 되다
	예문	漢字が 読めるように なりました。 한자를 읽을 수 있게 되었습니다.

필수**문법**

❸ 자주 등장하는 문형

허가, 금지, 명령

~てはだめだ	의미	~해서는 안 된다 〈금지〉
	예문	じゅぎょうに おくれては だめです。 수업에 늦어서는 안 됩니다.
~てはいけない	의미	~해서는 안 된다 〈금지〉
	예문	じゅぎょうに おくれては いけません。 수업에 늦어서는 안 됩니다.
~てもいい	의미	~해도 된다 〈허가〉
	예문	窓^{まど}を しめてもいいです。 창문을 닫아도 됩니다.
~てもかまわない	의미	~해도 상관없다 〈허가〉
	예문	窓^{まど}を しめても かまいません。 창문을 닫아도 상관없습니다.
~な	의미	~(하)지 마, ~마라 〈금지명령〉
	예문	飲^のんだら 運転^{うんてん}するな！ 술 마셨다면 운전하지 마!

> **딱! 한권** 선생님의 한마디!
> 금지명령의 「~な」는 동사 사전형에 접속해요. 「동사 사전형+な」 '~하지 마'

조사 + 동사

~がする	의미	~가 나다
	예문	ピアノのおとが します。 피아노 소리가 납니다.
		子^こどもの なくこえが します。 아이 우는 소리가 납니다.
		りんごの あじが しました。 사과 맛이 났습니다.
		花^{はな}の においが した。 꽃 향기가 났다.
~について	의미	~에 대해서
	예문	妹^{いもうと}は 日本^{にほん}の 文学^{ぶんがく}に ついて 研究^{けんきゅう}して います。 여동생은 일본 문학에 대해서 연구하고 있습니다.

~にくらべて	의미	~에 비(교)해서
	예문	きのうに 比べて 今日は あまり 寒くない。 어제에 비해서 오늘은 그다지 춥지 않다.
~にとって	의미	~에(게) 있어서
	예문	かれに とって かのじょは とても 大切な 人だ。 그에게 있어서 그녀는 매우 소중한 사람이다.

가능형

~ことができる	의미	~을 할 수 있다
	접속	동사 사전형 + ことが できる
	예문	日本語を 話す ことが できますか。 일본어를 말할 수 있습니까? 一人で こわい 映画を 見る ことが できますか。 혼자서 무서운 영화를 볼 수 있습니까? 明日も くる ことが できますか。 내일도 올 수 있습니까? 料理を する ことが できますか。 요리를 할 수 있습니까? **딱! 한권** 선생님의 한마디! 가능형에는 두 가지가 있어요. 첫 번째는 동사 사전형에 「ことが できる」를 붙이는 방법입니다.
가능동사	의미	~(할) 수 있다
	접속	**가능동사 만드는 법** 　1그룹 : 話す → 話せる 　2그룹 : 見る → 見られる 　3그룹 : 来る → こられる 　　　　 する → できる
	예문	日本語が 話せますか。 일본어를 말할 수 있습니까? 一人で こわい 映画が 見られますか。 혼자서 무서운 영화를 볼 수 있습니까? 明日も こられますか。 내일도 올 수 있습니까? 料理が できますか。 요리를 할 수 있습니까? **딱! 한권** 선생님의 한마디! 가능을 표현할 수 있는 두 번째 방법은 위와 같이 동사를 변형시키는 방법이에요. ① 日本語を 読む→日本語が 読める(조사 「を」를 「が」로 바꾸는 경우가 많습니다.) ②「사전형+ことが できる」와 가능동사는 대부분 동일하게 사용할 수 있습니다. 단, 가능동사 쪽이 회화체입니다.

필수문법

예정의 표현

의지, 권유형 (おう・よう형)	의미	～하자, ～해야지
	접속	1그룹 : 行く → 行こう 2그룹 : 起きる → 起きよう 3그룹 : 来る → こよう 　　　　する → しよう
	예문	いっしょに 行こう。같이 가자. はやく 起きよう。빨리 일어나자. また こよう。또 오자. もっと 勉強しよう。좀 더 공부하자.

～つもりだ	의미	～(할) 생각이다, ～(할) 작정이다
	접속	동사의 사전형 + つもりだ
	예문	日本に 行く つもりです。 일본에 갈 생각입니다.

～予定だ	의미	～(할) 예정이다
	접속	동사의 사전형 + 予定だ
	예문	日本に しゅっちょうに 行く 予定です。 일본으로 출장을 갈 예정입니다.

기타 표현

～し	의미	～하고
	접속	보통형 + し
	예문	この 店は 店員も 親切だし、おいしいです。 이 가게는 점원도 친절하고 맛도 있습니다 荷物も 多いし、雨も 降って いるし、タクシーで 行きましょう。 짐도 많고 비도 내리고, 택시로 갑시다.

딱! 한권 선생님의 한마디!

「～し」는 이유를 나열해서 말할 때 사용해요. 「から」「ので」보다 인과관계는 약한 편이고, 한 가지 이유가 아니라 그 밖에 다른 이유도 있다고 하는 느낌을 줍니다. な형용사와 명사의 보통형에 접속할 때에는 「先生だし」「静かだし」처럼 「だ」를 꼭 붙여야 한다는 것! 잊지 마세요.

〜はずだ	의미	분명 〜일 것이다
	접속	동사의 사전형 + はずだ
	예문	へやが しずかだから、かれは ねている はずです。 방이 조용하니까 그는 분명히 자고 있을 겁니다. きみなら できる はずだよ。 너라면 틀림없이 할 수 있을 거야.
〜はずが ない	의미	〜(일) 리가 없다
	접속	동사의 사전형 + はずがない
	예문	かれが そんな ことを する はずが ない。 그가 그런 짓을 할 리가 없어. こんな 問題が 試験に 出る はずが ない。 이런 문제가 시험에 나올 리가 없어.

상태 표현		
타동사 + 〜てある	의미	〜되어 있다
	예문	風が 入れる ように 窓を 開けました。 ➡ 窓が 開けて あります。 바람이 들어올 수 있도록 창문을 열었습니다 → 창문이 열려 있습니다. 電気が 消して あります。 불(전등)이 꺼져 있습니다. 先生、お迎えに 来ました。 玄関の 前に 私の 車が 止めて あります。 선생님, 마중하러 왔습니다. 현관 앞에 제 차가 세워져 있습니다. **딱! 한권** 선생님의 한마디! 타동사의 상태표현은 어떤 목적의지를 가지고 행한 동작의 결과가 그대로 남아 있는 상태를 말해요.
자동사 + 〜ている	의미	〜되어 있다
	예문	テーブルの 上から 本が 落ちました。 ➡ 本が 落ちて います。 테이블 위에서 책이 떨어졌습니다. → 책이 떨어져 있습니다. あれ、スープに 虫が 入って います。 어머나, 수프에 벌레가 들어 있네요. あのう、かばんが 開いて います。 気を つけて ください。 저기요, 가방이 열려 있어요. 조심하세요. 空に 星が たくさん 出て います。 하늘에 별이 많이 떠 있습니다. **딱! 한권** 선생님의 한마디! 자동사의 상태표현은 목적, 의지가 있었는지의 여부과 관계없이 자연히 어떤 사건의 결과가 남아 있는 상태를 말해요.

필수문법

자동사와 타동사★

자동사		타동사	
ドアが開く	문이 열리다	ドアを開ける	문을 열다
窓が閉まる	창문이 닫히다	窓を閉める	창문을 닫다
電気がつく	전기(전등)가 켜지다	電気をつける	전기(전등)를 켜다
タクシーが止まる	택시가 멈추다	タクシーを止める	택시를 세우다
火が消える	불이 꺼지다	火を消す	불을 끄다
たくさんの人が並ぶ	많은 사람이 줄 서다	お皿を並べる	접시를 나란히 놓다
バスの料金が上がる	버스 요금이 오르다	手を上げる	손을 올리다
気温が下がる	기온이 떨어지다	手を下げる	손을 내리다
連絡が切れる	연락이 끊기다	糸を切る	실을 자르다
虫が目の中に入る	벌레가 눈 속에 들어가다	財布をかばんに入れる	지갑을 가방에 넣다
荷物が落ちる	짐이 떨어지다	荷物を落とす	짐을 떨어뜨리다
木が倒れる	나무가 쓰러지다	木を倒す	나무를 쓰러뜨리다
卵が割れる	달걀이 깨지다	卵を割る	달걀을 깨다
せきが出る	기침이 나오다	ごみを出す	쓰레기를 내놓다
音楽が流れる	음악이 흐르다	水を流す	물을 흘려 보내다
お茶が冷える	차가 식다	ビールを冷やす	맥주를 차게 하다
みんなが集まる	모두 모이다	切手を集める	우표를 모으다
テレビが壊れる	텔레비전이 망가지다	建物を壊す	건물을 부수다

★ 자동사 : 목적어를 동반하지 않는 동사. 조사는 「が」를 쓴다.

　 타동사 : 목적어를 동반하는 동사. 조사는 「を」를 쓴다.

❹ 수동 · 사역 · 사역수동형

구분	수동 표현	사역 표현	사역수동 표현
형태	れる · られる	せる · させる	せられる · させられる
의미	~당하다, ~되다, ~받다, ~지다	시키다 ~하게 하다	억지로 ~하다 (어쩔 수 없이 ~하다)
1그룹	ない형 + れる	ない형 + せる	ない형 + せられる ない형 + される
2그룹	ない형 + られる	ない형 + させる	ない형 + させられる
する	される	させる	させられる
くる	こられる	こさせる	こさせられる

예문

수동
(ら)れる

① **기본 수동형 : 「わたし(나)」의 입장을 중심으로 한 말투**
母は わたしを 起こしました。 ➡ わたしは 母に 起こされました。
어머니는 나를 깨웠습니다.

② **피해 : 신체의 일부, 소유물 등이 다른 사람의 행위를 받았을 때**
わたしは どろぼうに さいふを 盗まれました。 나는 도둑에게 지갑을 도난당했습니다.

わたしは 犬に 手を かまれました。 나는 개에게 손을 물렸습니다.

③ **폐・성가심 : 피해를 입거나 번거롭다고 느꼈을 때**
わたしは 高校の 時、父に 死なれて、大学に 入れませんでした。
나는 고등학교 때, 아빠가 돌아가셔서 대학에 들어갈 수 없었습니다.

きのう 友だちに こられて 勉強できませんでした。
어제 친구가 와서 공부를 못 했습니다.

きのう 家へ 帰る 時、雨に 降られました。 어제 집에 돌아갈 때, 비를 맞았습니다.

④ **주어가 사람이 아닐 때, 또는 사회적 사실들을 말할 때**
2018年の 冬の オリンピックは 韓国で 開かれました。
2018년 동계 올림픽은 한국에서 개최되었습니다.

この 小説は 夏目漱石に よって 書かれました。
이 소설은 나쓰메 소세키에 의해 쓰였습니다.

사역 **(さ)せる**	**① 강제** 医者は 山田さんに お酒を やめさせました。 의사는 야마다 씨에게 술을 끊게 했습니다. 毎日 母は 弟に 本を 読ませました。 매일 엄마는 남동생에게 책을 읽게 했습니다. **② 허가** 先生は グラウンドで 子どもたちを 遊ばせました。 선생님은 운동장에서 아이들을 놀게 했습니다. お母さんは 子どもたちに 一日に 1時間ずつ ゲームを やらせています。 어머니는 아이들에게 하루에 한 시간씩 게임을 하게 했습니다. **③ 허가·승인을 요구** 部長、その 仕事は 私に やらせて ください。 부장님, 그 일은 제가 하게 해주세요 (저에게 시켜 주세요). 今日、調子が 悪いですが、休ませて いただけませんか。 오늘 컨디션이 안 좋은데요, 쉬게 해 주시지 않겠습니까 (쉬어도 될까요)? **④ 유발** 鈴木さんは いつも おもしろいことを 言って、みんなを 笑わせます。 스즈키 씨는 항상 재미있는 이야기를 해서 모두를 웃깁니다. 弟は 病気をして、両親を 心配させました。 남동생은 병이 나서 부모님을 걱정시켰습니다.
사역수동 **(さ)せられる**	★사역수동은 기쁘지 않은 감정을 나타냅니다. **① 다른 사람의 명령을 받아 어쩔 수 없이 행동을 한다는 의미** せんぱいは わたしに 歌を 歌わせました。〈사역〉 선배는 나에게 노래를 부르게 했습니다. ➡ わたしは せんぱいに 歌を 歌わせられました。〈사역수동〉 　わたしは せんぱいに 歌を 歌わされました。〈사역수동 1그룹 축약형〉 　나는 선배가 시켜서 어쩔 수 없이 노래를 불렀습니다. **② 다른 사람의 행동으로 인해 감정을 억제할 수 없다는 의미** むすこは わたしを 心配させました。〈사역〉 아들은 나를 걱정시켰습니다. ➡ 私は むすこに 心配させられました。〈사역수동〉 　아들은 나를 걱정시켰습니다.

3 연습해 봅시다. **올바른 것을 고르세요.**

(1) 山田さんは 社長に たくさんの 仕事を（頼まれて・頼ませて）困って います。

(2) 夜中に 赤ちゃんに（泣かせて・泣かれて）眠れませんでした。

(3) 昨日 先輩に お酒を（飲まされて・飲まれて）頭が いたいんです。

(4) 中村さんは 病気を して、みんなを（心配させました・心配させられました）。

(5) すみませんが、風邪を ひいて、早く（帰らせられて・帰らせて）くださいませんか。

(6) わたしは 父に 駅まで（歩かれました・歩かせられました）。

(7) 漢字が（読まれないと・読めないと）この 仕事は できません。

(8) 鈴木さんとの 約束を 忘れて 鈴木さんを（おこられて・おこらせて）しまった。

(9) 最近 はやって いる コートを 買いに 行ったんですが、もう だれかに
（買わせられて・買われて）しまいました。

(10) 山田さんは よく 冗談を 言って みんなを（笑わせます・笑われます）。

| 정답 | (1) 頼まれて | (2) 泣かれて | (3) 飲まされて | (4) 心配させました | (5) 帰らせて |
| | (6) 歩かせられました | (7) 読めないと | (8) おこらせて | (9) 買われて | (10) 笑わせます |

필수문법

❺ 주고받는 수수표현

구분	수수동사		수수동사 경어	
내가★ → 남에게 주다	あげる 〜てあげる	주다 〜해 주다	さしあげる 〜てさしあげる	드리다 〜해 드리다
남이★ → 나에게 주다	くれる 〜てくれる	주다 〜해 주다	くださる 〜てくださる	주시다 〜해 주시다
남이★ → 나에게 주다	もらう 〜てもらう	받다 〜해 받다	いただく 〜ていただく	받다 〜해 받다

★ 수수표현에서 「나(わたし)」에는 내 그룹 즉, 가족·회사 동료 등이 포함된다.

★ 동작과 행위를 주고 받았을 때는 동사를 연결하는 「て」형을 붙여 「〜てあげる, 〜てくれる, 〜てもらう」를 사용한다.

예문

やる★ 〜てやる あげる 〜てあげる★★	花に 水を やりました。 꽃에 물을 주었습니다. 弟 に 本を 読んで やりました。 남동생에게 책을 읽어 주었습니다. わたしは 田中さんに たんじょうびの プレゼントを あげました。 나는 다나카 씨에게 생일 선물을 주었습니다. わたしは 妹に たんじょうびの プレゼントを 買って あげました。 나는 여동생에게 생일선물을 사 주었습니다. ★ 「やる・〜てやる」는 동물이나 식물, 아이에게 사용한다. ★★「〜てあげる・〜てさしあげる」의 경우, 다른 사람을 위해서 호의적인 행위를 할 때에 사용한다. 내가 주어일 때에는 생색내는 느낌을 주므로 많이 사용하지 않도록 조심해야 된다!
くれる 〜てくれる	田中さんが わたしに にんぎょうを くれました。 다나카 씨가 저에게 인형을 주었습니다. 友だちが わたしに にんぎょうを 作って くれました。 친구가 저에게 인형을 만들어 주었습니다.

もらう 〜て もらう	わたしは 父に 映画の チケットを もらいました。 저는 아빠에게 영화 티켓을 받았습니다. わたしは 父に 映画の チケットを よやくして もらいました。 저는 아빠에게 영화 티켓을 예약해 받았습니다. (아빠가 영화 티켓을 예약해 주었습니다.)
さしあげる 〜て さしあげる	わたしは 先生に はなたばを さしあげました。 저는 선생님에게 꽃다발을 드렸습니다. わたしは 先生に 韓国料理を 作って さしあげました。 저는 선생님께 한국 요리를 만들어 드렸습니다.
くださる 〜て くださる	校長先生が わたしに 本を くださいました。 교장 선생님이 저에게 책을 주셨습니다. 校長先生が わたしに 本を 貸して くださいました。 교장 선생님이 저에게 책을 빌려주셨습니다. ★ くださる＋ます → くださいます

④ 연습해 봅시다. 올바른 것을 고르세요.

(1) (わたしは・山田さんは) 妹に プレゼントを くれました。

(2) 明日授業がないことをだれも (みなさんに・わたしに) 教えて くれませんでした。

(3) わたしは ボールペンを 忘れたので、 友だちに 貸して (くれました・もらいました)。

(4) わたしは 毎朝 (猫に・隣の おばあさんに) ご飯を やって います。

(5) 昨日 友だちに コンピューターを 直して (もらいました・くれました)。

(6) 先生が 教えて (くださいました・いただきました) ので、 わたしは よく わかりました。

(7) 弟は 庭の 花に 水を (やりました・くれました)。

(8) お 世話に なった 日本語の 先生に 何か (いただき・さしあげ) たいと 思って います。

(9) ネクタイ、すてきですね。誰が (あげました・くれました) か。

(10) わたしは 毎朝 7時に 山田さんに 電話で 起こして (もらって・くれて) います。

정답 (1) 山田さんは　　　(2) わたしに　　　(3) もらいました　　(4) 猫に　　　　(5) もらいました
　　(6) くださいました　(7) やりました　　(8) さしあげ　　　　(9) くれました　(10) もらって

❻ 추측과 전문 (そうだ · ようだ · らしい)

① 접속 형태

구분	そうだ 직감적 판단, 긴박함 ~일(할)것 같다	ようだ 주관적 근거에 의한 추측 ~인(한)것 같다	らしい 객관적 근거에 의한 추측 ~인(한)것 같다, ~라고 한다
동사	降りそうだ	降るようだ	降るらしい
い형용사	さむそうだ 예외) いい → よさそうだ ない → なさそうだ	さむいようだ	さむいらしい
な형용사	しずかそうだ	しずかなようだ	しずからしい
명사	×	日本人のようだ	日本人らしい

딱! 한권 선생님의 한마디!

1) 「みたいだ」는 「ようだ」의 회화적 표현으로 주관적 근거에 의한 추측을 나타내며 접속 형태는 「らしい」와 같다.

2) 객관적인 정도에 따라 부등호로 나타낸다면? 양태의 そうだ < ようだ < らしい

② 부정형

구분	そうだ	ようだ	らしい
동사	降りそうにない 降りそうもない 降りそうにもない	降らないようだ	降らないらしい
い형용사	さむくなさそうだ さむそうではない	さむくないようだ	さむくないらしい
な형용사	しずかではなさそうだ しずかそうではない	しずかではないようだ	しずかではないらしい
명사	×	日本人ではないようだ	日本人ではないらしい

③ そうだ · ようだ · らしい의 활용

	そうだ	ようだ	らしい
명사 수식	雨がふりそうな空	子どものような顔	春らしい天気
동사, 형용사 수식	雨がふりそうに見える	日本人のように話す	春らしく暖かい

★ 「そうだ」와 「ようだ」는 な형용사처럼 활용하고 「らしい」는 い형용사처럼 활용한다.

필수문법

④ 주의

★ 동사의 경우 「そうだ」의 부정은?

【ます형 + そうにない】　　【ます형 + そうもない】　　【ます형 + そうにもない】

★ 「らしい」 접미어 용법

명사 + らしい : 답다

예 <ruby>男<rt>おとこ</rt></ruby>らしい <ruby>男<rt>おとこ</rt></ruby>　　남자다운 남자

<ruby>学生<rt>がくせい</rt></ruby>らしい <ruby>学生<rt>がくせい</rt></ruby>　　학생다운 학생

あなたらしく ないですね。당신답지 않네요.

★ 「ようだ」의 비유・예시 용법

명사 の + ようだ　① 비유 : 마치 ~인 것 같다

예 まるで ゆめの ようだ。마치 꿈 같다.

② 예시 : (예를 들면) ~처럼

예 <ruby>先生<rt>せんせい</rt></ruby>のように りっぱな <ruby>人<rt>ひと</rt></ruby>に なりたい。선생님처럼 훌륭한 사람이 되고 싶다.

⑤ 전문의 そうだ (~라고 한다)

구분	~そうだ	예문
동사	<ruby>降<rt>ふ</rt></ruby>るそうだ	<ruby>天気<rt>てんき</rt></ruby><ruby>予報<rt>よほう</rt></ruby>に よると <ruby>明日<rt>あした</rt></ruby>は <ruby>雪<rt>ゆき</rt></ruby>が <ruby>降<rt>ふ</rt></ruby>るそうです。⑱ 일기 예보에 따르면 내일은 눈이 내린다고 합니다.
い형용사	<ruby>寒<rt>さむ</rt></ruby>いそうだ	<ruby>山田<rt>やまだ</rt></ruby>さんの <ruby>話<rt>はなし</rt></ruby>に よると、あの <ruby>店<rt>みせ</rt></ruby>は おいしい そうです。 야마다 씨의 이야기에 의하면, 저 가게는 맛있다고 합니다.
な형용사	<ruby>静<rt>しず</rt></ruby>かだそうだ	<ruby>日本人<rt>にほんじん</rt></ruby>は <ruby>親切<rt>しんせつ</rt></ruby>だそうです。 일본인은 친절하다고 합니다.
명사	<ruby>日本人<rt>にほんじん</rt></ruby>だそうだ	<ruby>山田<rt>やまだ</rt></ruby>さんの お<ruby>母<rt>かあ</rt></ruby>さんは <ruby>先生<rt>せんせい</rt></ruby>だそうだ。 야마다 씨의 어머니는 선생님이라고 한다.

Tip 「らしい」도 전문(~라고 한다)의 의미를 갖지만 소문 등 정보원이 불명확한 경우에 자주 쓰인다.

딱! 한권 선생님의 한마디!

전문의 そうだ의 최근 출제 경향은 주로 두 가지입니다. 명사의 접속 형태와 시제를 꼭 확인합시다!
명사에 접속할 경우 「だそうです」라는 것과 「<ruby>先週<rt>せんしゅう</rt></ruby>・<ruby>去年<rt>きょねん</rt></ruby>・きのう」처럼 과거를 나타내는 시제 표현이 나오고 과거형 접속이 잘 되어 있는지 묻는 문제가 자주 출제됩니다.

<ruby>昨日<rt>きのう</rt></ruby><ruby>雨<rt>あめ</rt></ruby>が <ruby>降<rt>ふ</rt></ruby>るそうでした。(×)　　　　<ruby>昨日<rt>きのう</rt></ruby><ruby>雨<rt>あめ</rt></ruby>が <ruby>降<rt>ふ</rt></ruby>ったそうです。(○)

<ruby>来週<rt>らいしゅう</rt></ruby>のテストは <ruby>難<rt>むずか</rt></ruby>しいそうではありません。(×)　　　　<ruby>来週<rt>らいしゅう</rt></ruby>のテストは <ruby>難<rt>むずか</rt></ruby>しくないそうです。(○)

5 연습해 봅시다. 올바른 것을 고르세요.

(1) 天気予報に よると 雪が（降り・降る）そうだ。

(2) 授業は まだ 始まり（そうではない・そうにない）。

(3) スミスさんは 有名な（歌手だ・歌手）そうです。

(4) 鈴木さんは 人形（のような・のように）かわいいです。

(5) スミスさんに よると 山田さんは 英語が（上手・上手だ）そうだ。

(6) あの 子は 今にも（泣くらしい・泣きそうな）顔を して います。

(7) 【運転中】あっ、ガソリンが（切れるそうだ・切れそうだ）。

(8) 約束の 時間に（遅れる・遅れ）そうだから、タクシーで 行きましょう。

(9) 田中君は ぜんぜん 勉強を しないので、(学生そうではない・学生らしく ない)です。

(10) かれは 先週 アメリカに（行くそうでした・行ったそうだ）。

정답　(1) 降る　(2) そうにない　(3) 歌手だ　(4) のように　(5) 上手だ
　　　(6) 泣きそうな　(7) 切れそうだ　(8) 遅れ　(9) 学生らしくない　(10) 行ったそうだ

필수문법

❼ 가정법

① たら・と・ば・なら

たら	**접속형태** 降る → 降ったら 安い → 安かったら ひまだ → ひまだったら 夏休み → 夏休みだったら	**가정조건** 雨が 降ったら、出かけません。 비가 오면 나가지 않겠습니다. **확정미래조건** 반드시 성립될 사항에 대해서 이야기할 때 【たら ≠ と・ば】 駅に 着いたら、お電話ください。 역에 도착하면, 전화 주세요. 冬休みに なったら、国に 帰る つもりです。 겨울 방학이 되면 고향에 돌아갈 생각입니다.
と	**접속형태** 行く → 行くと 近い → 近いと 静かだ → 静かだと 天気 → 天気だと	**자연법칙·반복습관** 春に なると 花が 咲きます。 봄이 되면 꽃이 핍니다. この ボタンを 押すと ドアが 開きます。 이 버튼을 누르면 문이 열립니다. 駅が 遠いと 不便です。 역이 멀면, 불편합니다. いい 天気だと 山が 見えます。 좋은 날씨라면 산이 보입니다. **길 안내** この 道を まっすぐ 行くと 郵便局が あります。 이 길을 곧장 가면, 우체국이 있습니다.
ば	**접속형태** 行く → 行けば 高い → 高ければ 静かだ → 静かなら(ば) 雨 → 雨なら(ば)	**일반적 논리나 속담** 【ば ≒ と】 春に なれば、花が 咲きます。 봄이 되면, 꽃이 핍니다. この ボタンを 押せば、ドアが 開きます。 이 버튼을 누르면, 문이 열립니다. **가정조건 (만약 ~라면)** A하면 B, 즉 A하지 않으면 B하지 않는다는 대비성을 내포한다. 薬を 飲めば、治るでしょう。 약을 먹으면 나을 겁니다. (「薬を 飲まなければ、治りません」의 의미를 포함) 用事が なければ、行きます。 용무가 없으면 가겠습니다. (「用事が あれば、行きません。」의 의미를 포함)

なら	조언·의견 (~라면, ~한다면)(앞에서 제시된 화제를 받아들일 때의 표현) A: あの、熱が あるみたいです。 　저기, 열이 있는 것 같아요. B: 熱が ある なら、早く 帰って 寝た ほうが いい 　です よ。 열이 있다면, 빨리 귀가해서 자는 편이 좋아요. A: ノートパソコンが ほしいんですが…。 　노트북을 갖고 싶은데요. B: ノートパソコンを 買う なら、韓国製が いい 　ですよ。 노트북을 산다면, 한국 제품이 좋아요. A: 今週の 土曜日、映画に 行きませんか。 　이번 주 토요일 영화 보러 가지 않을래요? B: 土曜日 なら いいですよ。 　토요일이라면 좋아요.

접속형태
行く → 行くなら
おいしい → おいしいなら
静かだ → 静かなら
旅行 → 旅行なら

명사와 な형용사에는 だ가 빠집니다.

② 기타 : 발견의 용법

たら ≒ と	窓を 開け たら、雪が 降って いました。 窓を 開ける と、雪が 降って いました。 창문을 열었더니(열자), 눈이 내리고 있었습니다. 教室に 行っ たら、先生が いました。 教室に 行く と、先生が いました。 교실에 갔더니(가자), 선생님이 있었습니다.

딱! 한권 선생님의 한마디! ◀ 발견의 용법일 경우 「なら」「ば」는 사용할 수 없습니다.

6 연습해 봅시다. **올바른 것을 고르세요.**

(1) 空港に（着けば・着いたら）ご連絡ください。

(2) 春に（なるなら・なれば）花が 咲きます。

(3) 薬を（飲むなら・飲めば）すぐ 治りますよ。

(4) 山の 上から（見れば・見ると）人も 車も おもちゃの ように 見えた。

(5) 先生に（聞けば・聞いたら）わかりました。

(6) いい（天気・天気だ）と 山が 見えます。

(7) A：ノートパソコンが ほしいんですが…。

B：ノートパソコンを（買えば・買うなら）、韓国製が いいですよ。

(8) この 道を まっすぐ（行くと・行くなら）スーパーが あります。

(9) 教室に（行くと・行くなら）先生が いました。

(10) A：その 本 おもしろいですか。

B：ええ、(読むなら・読めば）貸しますよ。

정답　(1) 着いたら　　(2) なれば　　(3) 飲めば　　(4) 見ると　　(5) 聞いたら
　　　(6) 天気だ　　(7) 買うなら　(8) 行くと　　(9) 行くと　　(10) 読むなら

★경어의 종류는?
- **존경어** : 상대방을 직접 높이는 표현. 주어는 '상대방'이 됩니다.
- **겸양어** : 자신을 낮춰 상대방을 높이는 표현. 주어는 '자신'이 됩니다.
- **정중어** : 듣는 사람에 대한 정중한 표현.

★경어 표현을 만드는 두 가지 방법

① 단어 자체를 바꾸는 경어 표현(특수 경어 동사)
② 공식으로 만드는 경어 표현

① 특수 경어 동사

겸양어 (나를 낮춘다)	일반동사	존경어 (상대를 높인다)
まいる 가다. 오다	行く 가다	いらっしゃる★ 가시다. 오시다. 계시다
	来る 오다	
おる 있다	いる 있다	
〜ておる 〜하고 있다	〜ている 〜하고 있다	〜ていらっしゃる 〜하고 계시다
もうす もうしあげる 말씀드리다	言う 말하다	おっしゃる★ 말씀하시다
ぞんじる 알다	知る 알다	ごぞんじだ 알고 계시다
拝見する 보다	見る 보다	ごらんになる 보시다
いたす 하다	する 하다	なさる 하시다
いただく 먹다. 마시다	飲む 마시다 食べる 먹다	めしあがる 드시다
うかがう 방문하다. 듣다. 묻다	訪問する 방문하다 聞く 듣다. 묻다	

★ いらっしゃる＋ます→いらっしゃいます

おっしゃる＋ます→おっしゃいます

필수문법

② 공식으로 외우는 존경어★

お＋ます형＋に なる	社長は 何時に お帰り になりましたか。 사장님은 몇시에 집에 가셨습니까? いつ国へ お帰り になりますか。 언제 고국에 돌아가십니까?
お＋ます형＋ください ご＋한자어＋ください	どうぞ、お入り ください。 어서 들어 오십시오. 少々 お待ち ください。 잠시 기다려 주십시오. ご説明 ください。 설명해 주세요. **딱가 한권** 선생님의 한마디! 「～てください(~해 주세요)」보다 더 정중하게 요청할 때 이 표현을 씁니다.
수동형 れる・られる★★ 1그룹 行く → 行かれる 2그룹 出る → 出られる 3그룹 する → される くる → こられる	先生も この 本を 読まれましたか。 선생님도 이 책 읽으셨습니까? たばこを 吸われますか。 담배 피우십니까? この パソコンは どこで 買われましたか。 이 컴퓨터는 어디에서 사셨습니까? 社長は ご自分で 運転されるそうです。 사장님은 직접 운전하신다고 합니다. 先生は 明日 学校へ こられますか。 선생님은 내일 학교에 오십니까?

★　특수한 형태가 있는 동사는 「お＋ます형＋になる」의 형태로 사용하지 않는다.

★★ 수동형 「れる・られる」 존경어는 「お＋ます형＋になる」와 「특수 존경어」보다 존경의 정도가 낮다.

③ 공식으로 외우는 겸양어

お＋ます형＋する ご＋한자어＋する	どうぞ よろしく お願い します。 모쪼록 잘 부탁드립니다. 先生に 手紙を お送り しました。 선생님께 편지를 보내 드렸습니다. ご案内 します。 안내해 드리겠습니다. ご説明 します。 설명해 드리겠습니다.

④ 정중어

～です → ～でございます 입니다	このバックは フランス製 でございます。 이 가방은 프랑스 제품입니다.
あります → ございます 있습니다	トイレは 2階に ございます。 화장실은 2층에 있습니다.

7 연습해 봅시다. 올바른 것을 고르세요.

(1) バスに 乗る とき、こまかい お金を （　　　　　　）。
①　ご用意ください　　　　②　ご用意になります

(2) あなたは 田中先生を （　　　　　　）。
①　ご存じですか　　　　②　存じていますか

(3) こちらを （　　　　　　）。
①　お見になって ください　　②　ごらんください

(4) 先生、3時ごろ （　　　　　　） よろしいでしょうか。
①　うかがいたいですが　　②　いらっしゃいますが

(5) どうぞ あたたかい 内に （　　　　　　）。
①　いただいて ください　　②　めしあがって ください

(6) 先生の 絵を （　　　　　　）。
①　拝見しました　　　　②　ごらんになりました

(7) お客さま、しょうしょう （　　　　　　）。
①　お待って ください　　②　お待ちください

(8) わたしは 東京に 住んで （　　　　　　）。
①　おります　　　　　　②　おられます

(9) その 仕事は わたしが （　　　　　　）。
①　いたします　　　　　②　なさいます

(10) はじめまして、わたしは 鈴木と （　　　　　　）。
①　おっしゃいます　　　②　もうします

정답	(1) ①	(2) ①	(3) ②	(4) ①	(5) ②
	(6) ①	(7) ②	(8) ①	(9) ①	(10) ②

1 교실에 학생이 있습니다.
2 교실에서 회의가 있습니다.
3 교실에서 노래를 부르고 있습니다.
4 전철은 이제 곧 신주쿠 역에 들어옵니다.
5 전철은 이 마을을 통과합니다.
6 전철을 내려 버스로 갈아탑니다.
7 가방에서 지갑을 꺼냅니다.
8 가방에 지갑을 넣습니다.
9 친구에게 사진을 보여 줍니다.
10 친구와 싸웠습니다.
11 오늘 귤을 20개나 먹었습니다.
12 태풍으로 집이 쓰러졌습니다.

1 낮에는 아르바이트를 했습니다. 그리고 밤에는 공부를 했습니다.
2 야마다와 싸웠다. 그래서 만나고 싶지 않다.
3 역 앞 가게는 비쌉니다. 하지만 맛있습니다.
4 비가 내리고 있습니다. 게다가 바람도 불어와 외출하지 않있습니다.
5 일본어 문법은 어렵다. 하지만 재미있다.
6 창문을 열었습니다. 그러자 차가운 바람이 불어 왔습니다.
7 지갑을 집에 놓고 왔습니다. 그래서 전철을 타지 않고 걷습니다.
8 감기에 걸렸습니다. 하지만 회사를 쉬지 않았습니다.
9 차를 가져왔습니다. 그래서 오늘은 못 마십니다.
10 오전에는 치과에 갔다, 그리고 나서 오후에는 안과에 갔다.

1 야마다 씨는 사장님께 많은 일을 부탁 받아서 곤란해 하고 있습니다.
2 한밤중에 아이가 울어서 잠을 못 잤습니다.
3 어제 선배가 억지로 술을 마시게 해서 머리가 아픕니다.

4 나카무라 씨는 병이 나서 모두를 걱정시켰습니다.
5 죄송합니다만 감기에 걸렸는데 일찍 가게 해 주시지 않겠습니까?
6 나는 아버지가 역까지 걷게 해서 어쩔 수 없이 걸었습니다.
7 한자를 읽을 수 없으면 이 일은 불가능합니다.
8 스즈키 씨와의 약속을 깜빡해서 스즈키 씨를 화나게 해 버렸다.
9 최근 유행하고 있는 코트를 사러 갔는데, 벌써 누군가가 사 가 버렸습니다.
10 야마다 씨는 자주 농담을 해서 모두를 웃게 합니다.

1 야마다 씨는 제 여동생에게 선물을 주었습니다.
2 내일 수업이 없는 것을 아무도 나에게 알려 주지 않았습니다.
3 저는 볼펜을 안 가져와서 친구에게 빌려 받았습니다.
(친구가 빌려주었습니다.)
4 나는 매일 아침 고양이에게 밥을 주고 있습니다.
5 어제 친구에게 컴퓨터를 고쳐 받았습니다.
(친구가 컴퓨터를 고쳐 주었습니다.)
6 선생님이 가르쳐 주셔서 저는 잘 이해했습니다.
7 남동생은 정원의 꽃에 물을 주었습니다.
8 신세를 진 일본어 선생님께 뭔가 드리고 싶습니다.
9 넥타이 근사하네요. 누가 줬어요?
10 저는 매일 아침 7시에 야마다 씨에게 전화로 깨워 받습니다.
(야마다 씨가 저를 매일 아침 7시에 전화로 깨워 줍니다.)

1 일기예보에 따르면 눈이 내린다고 한다.
2 수업은 아직 시작할 것 같지 않다.
3 스미스 씨는 유명한 가수라고 합니다.
4 스즈키 씨는 인형처럼 예쁩니다.
5 스미스 씨에 의하면 야마다 씨는 영어를 잘한다고 한다.
6 저 아이는 당장이라도 울 것 같은 표정을 하고 있습니다.

7 [운전 중] 어, 기름이 떨어질 것 같아.

8 약속 시간에 늦어질 것 같으니까 택시로 갑시다.

9 다나카 군은 전혀 공부를 하지 않아서, 학생답지 않아요.

10 그는 지난 주에 미국에 갔다고 한다.

연습해 봅시다 ❻

1 공항에 도착하면 연락해 주세요.

2 봄이 되면 꽃이 핍니다.

3 약을 먹으면 바로 낫습니다(금방 나아요).

4 산 위에서 봤더니 사람도 자동차도 장난감처럼 보였다.

5 선생님께 물어봤더니 알 수 있었습니다.

6 좋은 날씨라면(날씨가 좋으면) 산이 보입니다.

7 A : 노트북을 사고 싶은데요.
   B : 노트북이라면 한국 제품이 좋아요.

8 이 길을 곧장 가면 슈퍼가 있습니다.

9 교실에 갔더니 선생님이 있었습니다.

10 A : 그 책 재미있습니까?
   B : 네, 읽을 거라면 빌려 드리겠습니다.

연습해 봅시다 ❼

1 버스를 탈 때 잔돈을 준비해 주세요.

2 당신은 다나카 선생님을 알고 계십니까?

3 여기를 봐 주세요.

4 선생님, 3시쯤 찾아뵙고 싶은데 괜찮으세요?

5 자, 따뜻할 때 드세요.

6 선생님의 그림을 보았습니다.

7 손님, 잠시만 기다려 주세요.

8 저는 도쿄에 살고 있습니다.

9 그 일은 제가 하겠습니다.

10 처음 뵙겠습니다. 저는 스즈키라고 합니다.

문장의 내용에 맞는 문형 표현 즉 문법기능어를 찾아서 넣는 문제이다.

もんだい1 (   ) 何を 入れますか。1・2・3・4から
いちばん いい ものを 一つ えらんで ください。

33 この ケーキは 1つ 900円(   ) します。
        1 と   2 も   3 で   4 に

33	① ● ③ ④

포인트

〈もんだい1〉 문법형식판단은 N4 레벨의 일본어 학습자에게 필요한 문형 표현이 중심이
지만 일상생활에서 자주 사용하는 중요한 표현으로만 이루어져 있다. 문법뿐만 아니라 독
해, 청해의 실력을 높이기 위해서라도 확실하게 공부해 두자.

학습요령

문법 파트의 〈もんだい1〉에서는 기능어 그 자체를 다루는 문제보다 기능어에 접속하는
동사의 형태를 묻는 문제, 수수표현, 부사 등의 문제가 출제된다. 또한 조사 두 가지를 조
합한 문제(ex までには)도 나와 기본 문법의 이해 능력을 필요로 하므로 기초 문법을 확
실하게 익혀야 한다.

もんだい1　（　　　）に　何を　入れますか。1・2・3・4から　いちばん　いい
　　　　　ものを　一つ　えらんで　ください。

1 きのうは　風邪<ruby>かぜ</ruby>（　　　）学校を　休<ruby>やす</ruby>みました。
　1 に　　　　　　2 で　　　　　　3 まで　　　　　4 から

2 特急電車<ruby>とっきゅうでんしゃ</ruby>は　大きい　駅に（　　　　）とまります。
　1 から　　　　　2 では　　　　　3 だけ　　　　　4 しか

3 A「早く　暖<ruby>あた</ruby>かく　なると　いいですね。」
　B「西<ruby>にし</ruby>の　ほうでは　さくらが（　　　　）はじめたらしいですよ。」
　1 咲<ruby>さ</ruby>か　　　　　2 咲<ruby>さ</ruby>き　　　　　3 咲<ruby>さ</ruby>く　　　　　4 咲<ruby>さ</ruby>け

4 やさいは　水で　よく（　　　　）食べて　ください。
　1 洗<ruby>あら</ruby>えてから　　2 洗<ruby>あら</ruby>ってから　　3 洗<ruby>あら</ruby>うまで　　4 洗<ruby>あら</ruby>えるまで

5 A「道が　わからない　ときは　タクシーに　乗<ruby>の</ruby>れば　いいですよ。」
　B「タクシーは　高いから　いちども（　　　　）。」
　1 のらないように　なりました　　　　2 のらない　ことに　しました
　3 のっては　いけません　　　　　　4 のった　ことが　ありません

6 この　店は　カードで　しなものを（　　　　）ことが　できます。
　1 買います　　　　2 買う　　　　　3 買える　　　　4 買わせる

7 家を（　　　　）前に、忘れものが　ないかどうか　確認します。
　1 出ない　　　　2 出なかった　　　3 出る　　　　　4 出た

8 一生懸命<ruby>いっしょうけんめい</ruby>　そうじしたから（　　　　）なりました。
　1 きれいく　　　　2 きれいに　　　3 きれいだ　　　4 きれいと

9 きょうは　まだ　ニュースを（　　　　）。

1 見ません

2 見た　ことが　ありません

3 見て　いません

4 見たく　ありません

10 A「あれ、2階で　へんな　音が　するけど。」

B「そう？じゃ、ちょっと（　　　　）。」

1 見に　いったよ

2 見て　くるよ

3 見に　くるよ

4 見て　いくよ

11 A「夏みの日には　いつも　何を　しますか。」

B「図書館で　本を　読んだり（　　　　）します。」

1 勉強することも

2 勉強しようと

3 勉強したり

4 勉強しなかったり

12 問題が（　　　　）すぎて　ひとつも　できませんでした。

1 むずかしい　　　2 むずかしく　　　3 むずかしかった　4 むずかし

13 10月から　地下鉄の　ねだんが　上がる（　　　　）。

1 ことに　なりました

2 ことに　しました

3 ことが　あります

4 ことが　できます

14 おふろに（　　　　）あとに　ご飯を　食べる　ことに　しました。

1 入る　　　　2 入った　　　　3 入って　　　　4 入らない

15 デパートで　売っている　ものは　スーパー（　　　　）安くない。

1 とか　　　　2 でも　　　　3 の　ほうが　　　4 ほど

もんだい1 （　　　）に 何を 入れますか。1・2・3・4から いちばん いい
　　　　ものを 一つ えらんで ください。

1 病院に 行かなくても、くすり（　　　）のんで ください。
　　1 が　　　　　　2 に　　　　　　3 は　　　　　　4 も

2 A「3月なのに 寒いですね。」
　　B「でも 冬（　　　）寒く ないでしょう。もうすぐ 春ですよ。」
　　1 まで　　　　　2 から　　　　　3 なら　　　　　4 ほど

3 A「夏休みは どこかに 行きますか。」
　　B「家族で 一週間、沖縄に（　　　）ことに しました。」
　　1 行った　　　　2 行かない　　　3 行く　　　　　4 行ける

4 A「こんどの コンサートは 予約を（　　　）入れるんですって。」
　　B「それは よかったですね。」
　　1 しては　　　　2 しても　　　　3 しなくても　　　4 しなければ

5 赤ちゃんが 一日中 泣いて（　　　）ので ねむれません。
　　1 いるしか ない　　　　　　　　2 ばかり いる
　　3 くれない　　　　　　　　　　　4 いたがる

6 道を 歩いていたら ぜんぜん（　　　）人に あいさつされました。
　　1 知って いる　　　　　　　　　2 覚えて いる
　　3 見た ことが ない　　　　　　　4 聞いた ことが ない

7 A「試験が おわって 学生たちは なにを して いますか。」
　　B「みんなで 映画を 見たり、まいにち（　　　）。」
　　1 あそんでばかり います　　　　　2 あそんでだけ います
　　3 あそんで くれます　　　　　　　4 あそんでも いいです

8 よかったら、これ（　　　　）。たくさん ありますから。

1 使いましょうか
2 使いましたか
3 使うつもりですか
4 使いませんか

9 先生の 説明_{せつめい}を 聞いたら よく（　　　　）なりました。

1 わかるように
2 わかったように
3 わかりそうに
4 わかることに

10 お昼_{ひる}は カレーと スパゲッティの どちらに（　　　　）。

1 食べますか　　　2 なりますか　　　3 しますか　　　4 たのみますか

11 A「久_{ひさ}しぶりに いなかに 帰って 何を しますか。」
B「友だちに（　　　　）です。」

1 会うよう　　　2 会うそう　　　3 会ったまま　　　4 会いたい

12 かばんが 大きいから 何でも（　　　　）。

1 入_{はい}ります
2 入_{はい}れます
3 入_{はい}られます
4 入_{はい}る ことが できます

13 冷蔵庫_{れいぞうこ}に あった ジュースは ぜんぶ 飲んで（　　　　）。

1 おきました　　　2 しまいました　　　3 いました　　　4 ありました

14 A「この 時間は 電車が こんで いますか。」
B「会社や 学校に いく 時間だから、もう 少し（　　　　）ほうがいい
ですね。」

1 待った　　　2 待てた　　　3 待たない　　　4 待てない

15 A「朝ごはんを 食べて きても いいですか。」
B「病院に くる 前は 何も（　　　　）ください。」

1 食べて きて　　2 食べないで　　3 食べて いて　　4 食べなくて

もんだい1 （　　　）に　何を　入れますか。1・2・3・4から　いちばん　いい
　　　　　ものを　一つ　えらんで　ください。

1 天気予報で　雨が　降る（　　　　）言って　いました。

1 と　　　　　　　2 を　　　　　　　3 で　　　　　　　4 や

2 雨が（　　　　）かも　しれないから、かさを　持って　行こう。

1 降り　　　　　　2 降った　　　　　3 降る　　　　　　4 降り

3 A「月曜日に　お願いした　ものは　できましたか。」
　　B「すみません。土曜日（　　　　）かかると　思います。」

1 までに　　　　　2 まで　　　　　　3 なら　　　　　　4 ころに

4 ケーキを　作りました。おいしい（　　　　）食べて　みて　ください。

1 が　　　　　　　2 か　どうか　　　3 か　なにか　　　4 どうか

5 A「いぬの　なまえは　タロウって　いうんですか。人みたいですね。」
　　B「わたし（　　　　）タロウは　家族と　同じですから。」

1 に　よって　　　2 に　なって　　　3 に　とって　　　4 に　あって

6 お金も　ない（　　　　）、時間も　ないです。それで　今回の　旅行は
　　行く　ことが　できません。

1 か　　　　　　　2 し　　　　　　　3 と　　　　　　　4 で

7 A「あの、この　ボールペン（　　　　）いいですか。」
　　B「ここに　ある　ものは　どれでも　自由に　使って　ください。」

1 使っても　　　　2 使っては　　　　3 使ってから　　　4 使ってきて

8 ふくろの　うらに「5月7日まで　食べられます。」と　書いて（　　　　）。

1 います　　　　　2 きます　　　　　3 します　　　　　4 あります

9 A「おいしそうな　ケーキですね！」

B「子どもが（　　　　）いたので　作りました。」

1 食べたがって　　2 食べたくて　　　3 食べすぎて　　　4 食べなくて

10 さあ、みんなで　写真を　とりますから（　　　　）ください。

1 動いて　　　　　　　　　　　　2 動かないで

3 動こうとして　　　　　　　　　4 動きまして

11 A「来週の　会議は　どこで　するんでしょうか。」

B「第1会議室で　午後　1時から　する（　　　　）に　なって　います。」

1 予定　　　　　　2 予報　　　　　　3 準備　　　　　　4 考え

12 1週間に　2回、子どもを　ピアノ教室に（　　　　）います。

1 通って　　　　　2 通わないで　　　3 通わせて　　　　4 通われて

13 風邪を　ひいて　熱が　ある　ときは　おふろに（　　　　）いけません。

1 入ると　　　　　2 入れば　　　　　3 入っては　　　　4 入ったほうが

14 来年は　N3の　試験を（　　　　）と　思って　います。

1 受けなさい　　　2 受けよう　　　　3 受ける　　　　　4 受けません

15 日本語が（　　　　）この　仕事は　できません。

1 読まれないと　　2 読ませないと　　3 読めないと　　　4 読もうと

もんだい1 （　　　）に　何を　入れますか。1・2・3・4から　いちばん　いい
　　　　　ものを　一つ　えらんで　ください。

1 A「何を　さがして　いるんですか。」
　　B「携帯電話です。いくら　さがしても　（　　　　　）ありません。」
　　1　どこでも　　　　　2　どこにも　　　　　3　どこしか　　　　4　どこなら

2 こたえを　（　　　　）ひとは　こちらに　出して　ください。
　　1　書きすぎた　　　　2　書きおわった　　　3　書きつづけた　　4　書きやめた

3 子どもが　（　　　　）間、となりの　へやで　テレビを　見て　いました。
　　1　寝た　　　　　　　2　寝る　　　　　　　3　寝ない　　　　　4　寝ている

4 A「中村さんは　毎日　一生懸命　仕事を　して　いますね。」
　　B「はい、家族の　（　　　　　）がんばって　います。」
　　1　せいで　　　　　　2　なかで　　　　　　3　つぎに　　　　　4　ために

5 A「この　パソコン　動かなくなっちゃったんだけど。」
　　B「ぼくは　（　　　　　）から　お店に　持っていって。」
　　1　なおせない　　　　2　なおらない　　　　3　なおされない　　4　なおられない

6 A「すみません。これ、（　　　　　）が　よく　わからないんですが。」
　　B「かんたんですよ。ここを　おすだけです。」
　　1　使えかた　　　　　2　使いかた　　　　　3　使うかた　　　　4　使わかた

7 A「みんな　ここで　弁当を　（　　　　　）と　言ってますよ。」
　　B「そうですね。ちょっと　つかれたから　昼ごはんに　しましょうか。」
　　1　食べなさい　　　　2　食べよう　　　　　3　食べない　　　　4　食べた

8 時間が ないから 早く 準備（　　　　）。

1 しなくちゃ　　　2 しちゃった　　　3 しないんじゃ　　4 したんじゃ

9 A「こんどの 日曜日は 映画を 見に 行かない？」
B「ごめん。図書館で レポートを（　　　　）と 思って いるんだ。」

1 書ける　　　　　2 書く　　　　　　3 書こう　　　　　4 書かせる

10 小学生でも わかる（　　　　）ひらがなだけで 書きました。

1 までは　　　　　2 ように　　　　　3 そうに　　　　　4 なら

11 A「卒業したら 何を したいですか。」
B「研究所で 勉強を 続ける（　　　　）です。」

1 ばかり　　　　　2 つもり　　　　　3 ところ　　　　　4 みたい

12 結婚して 早く 両親を（　　　　）あげたいです。

1 喜んで　　　　　2 喜ばれて　　　　3 喜ばせて　　　　4 喜ばせられて

13 A「何だか へんな においが（　　　　）ね。」
B「そうですか。何も 感じませんけど。」

1 出ます　　　　　2 流れます　　　　3 立ちます　　　　4 します

14 だれも いない へやに 電気が（　　　　）。

1 つけて います　　　　　　　　2 ついて います
3 つけて おきます　　　　　　　4 ついて あります

15 これ、とても（　　　　）ケーキですね。

1 おいしいらしい　　　　　　　2 おいしいような
3 おいしすぎる　　　　　　　　4 おいしそうな

もんだい1 （　　　）に　何を　入れますか。1・2・3・4から　いちばん　いい
　　　　　ものを　一つ　えらんで　ください。

1 A「わあ、きれいな　ふくですね。」
　　　B「たんじょうびに　母に　買って（　　　　　）。」
　　　1 あげました　　　2 くれました　　　3 もらいました　　4 いただきました

2 休みの　あいだに　しゅくだいを　全部（　　　　　）。
　　　1 終わらせました　　　　　　　　　2 終わります
　　　3 終わりました　　　　　　　　　　4 終わって　います

3 あの　人が　何も　連絡しないで　会社を　休む（　　　　　）。
　　　1 つもりです　　　　　　　　　　2 はずです
　　　3 つもりは　ありません　　　　　4 はずが　ありません

4 庭の　草の　なかから　虫の　声が（　　　　）きます。
　　　1 して　　　　　　　2 聞こえて　　　3 起きて　　　　　4 見えて

5 こんどの　試験は　それほど（　　　　　）。
　　　1 むずかしかった　　　　　　　　2 むずかしいかも　しれない
　　　3 むずかしく　なかった　　　　　4 むずかしそうだ

6 天気が　よかったのに　急に　雨が（　　　　　）。
　　　1 ふっていた　　　2 ふらなかった　　　3 ふりつづけた　　4 ふりだした

7 係の　人が　説明して　くれた（　　　　　）道を　歩いて　きました。
　　　1 あいだに　　　　2 ばかりに　　　3 とおりに　　　4 くらいに

8 天気予報に　よると　明日　雪が（　　　　）そうです。
　　　1 ふり　　　　　　2 ふる　　　　　　3 ふった　　　　　4 ふって

9 今、夕食の メニューを（　　　　　）ところです。

1 考えて くれる　2 考えたい　　　3 考えて いる　　4 考えない

10 A「明日は 運動会が ありますが、雨が 降りませんかね。」

B「天気予報を 見なかったから 雨が（　　　　　）わかりません。」

1 降っても 降らなくても　　　　　2 降ったり 降らなかったり

3 降るか どうか　　　　　　　　　4 降れば いいか

11 A「（　　　　　）ですね。手伝いましょうか。」

B「ありがとうございます。じゃ、これを お願いします。」

1 いそがしかった　　　　　　　　2 いそがしいくらい

3 いそがしいそう　　　　　　　　4 いそがしそう

12 A「電車が なかなか きませんね。」

B「駅の人の 話では じこが あって 1時間くらい（　　　　　　）。」

1 おくれやすいです　　　　　　　2 おくれても いいです

3 おくれるそうです　　　　　　　4 おくれた ことに なります

13 朝遅れたので 先生に 教室を そうじ（　　　　　　）。

1 しました　　　　　　　　　　　2 させました

3 されました　　　　　　　　　　4 させられました

14 いつも 冬が 終わって 暖かく（　　　）さくらが 咲きます。

1 なると　　　　2 なれば　　　3 なるなら　　　　4 なっても

15 では、今週の 金曜日に 会社の ほうに（　　　　　　）。

1 いらっしゃいます　　　　　　　2 うかがいます

3 おいでに なります　　　　　　4 おたずねます

もんだい1 （　　　）に　何を　入れますか。1・2・3・4から　いちばん　いい
　　　　ものを　一つ　えらんで　ください。

1 今日は　こられる（　　）聞いて　みないと　わかりません。
　　1 ので　　　　　　　2 のか　　　　　　　3 のに　　　　　　　4 のは

2 北海道の（　　　　）は　東京の　38ばいです。
　　1 大きめ　　　　　2 大きさ　　　　　3 大きい　　　　　4 大きな

3 チケットを　買いたいんですが、どこに（　　　　　　）か　わかりません。
　　1 行ってはいけない　　　　　　2 行ってもいい
　　3 行けばいい　　　　　　　　　4 行くしかない

4 A「こんど　できた　スーパーは　お客さんが　いっぱいだね。」
　　B「ほかの　店に（　　　　）30％くらい　安いから。」
　　1 ならんで　　　　2 考えて　　　　　3 くらべて　　　　4 勝って

5 7時を　すぎたら　空が（　　　　　）きました。
　　1 明るく　して　　2 明るく　なって　3 明るかって　　　4 明るいで

6 田中さんから　来週　ひっこす（　　　　　）話を　聞きました。
　　1 という　　　　　2 だという　　　　3 ように　　　　　4 らしく

7 朝10時に　出発しますので、9時30分（　　　　　）集まって　ください。
　　1 まで　　　　　　2 までに　　　　　3 でも　　　　　　4 しか

8 宿題が　多くて　金曜日までに　ぜんぶは（　　　　　　）。
　　1 できそうもない　　　　　　　2 できるはずだ
　　3 できなくなる　　　　　　　　4 できにくい

9 A「今まで　時計を　して　なかったのに、どうしたんですか。」
　　B「たんじょうびに　彼女が（　　　　　　）。」
　　1　わたしたんです　　　　　　　　2　くれたんです
　　3　あげたんです　　　　　　　　　4　くださったんです

10 この　くつは　軽くて　とても（　　　　）です。
　　1　はきにくい　　　2　はきづらい　　　3　はきやすい　　　4　はきがたい

11 A「顔が　あかいけど、どう（　　　　　）か。」
　　B「何だか　すこし　ねつが　あるみたいです。」
　　1　しましょう　　　　　　　　　　2　すれば　いいです
　　3　しました　　　　　　　　　　　4　する　つもりです

12 学生「先生、こんどの　テストは　何を　勉強すれば　いいですか。」
　　先生「世界の　経済（　　　　　）問題を　出します。」
　　1　みたいに　　　2　に　ついて　　　3　の　ように　　　4　の　ために

13 あと　少ししか　ありません。早く（　　　　）なくなって　しまいますよ。
　　1　買わないで　　　2　買わないと　　　3　買いたくて　　　4　買ったら

14 かさを　持って　行かなかったら、雨に（　　　　）しまいました。
　　1　降らせて　　　　2　降って　　　　3　降らなくて　　　4　降られて

15 A「かぜは　どう？　ねつは　まだ　ある？」
　　B「ねつは　もう（　　　　）よ。せきは　まだ　出るけど。」
　　1　下がって　いる　　　　　　　　2　下げて　いる
　　3　下がって　ある　　　　　　　　4　下げて　ある

もんだい1 （　　）に 何を 入れますか。1・2・3・4から いちばん いい
　　　　　ものを 一つ えらんで ください。

1 パソコンは テレビ（　　　　）ちがいます。
　　1 には　　　　　　2 より　　　　　　3 とは　　　　　　4 なら

2 家から 会社までは 車でしか（　　　　　）。
　　1 行けます　　　　2 行きます　　　　3 行かせません　　4 行けません

3 お客さんが 来るまでに へやを きれいに（　　　　）ください。
　　1 して あって　　2 して くれて　　3 して おいて　　4 して みて

4 テレビの ニュース（　　　　　）大きな 事故が あったそうです。
　　1 に よると　　　2 からは　　　　3 の うちに　　　4 に ついて

5 A「このごろ 自転車の 事故が 多いんだって。」
　　B「スマホを（　　　　　）乗るのは あぶないよね。」
　　1 見ないで　　　　2 見ながら　　　　3 見たあと　　　　4 見てから

6 今でも ときどき 小学校の ときの 友だちに 電話（　　　　　）。
　　1 しても いいです　　　　　　　　2 する ことが あります
　　3 した ことが あります　　　　　　4 すると おもいます

7 A「わたしの 電話番号は だれに 聞きましたか。」
　　B「田中さんに 教えて（　　　　　）。」
　　1 あげました　　　2 おきました　　　3 くれました　　　4 もらいました

8 めがねを かえたら 遠くの ものが（　　　　　）なりました。
　　1 見るように　　　2 見ることに　　　3 見えるように　　4 見えることに

9 東京は　人が　多くて　道路が（　　　　　）おどろきました。
1 せまい　ことに　　　　　　　　　2 せまい　ときに
3 せまい　ところが　　　　　　　　4 せまい　ものが

10 駅に（　　　　　）すぐ　電話を　して　ください。
1 つけば　　　　　2 つくなら　　　　　3 つくと　　　　　4 ついたら

11 こんなに　景色のいいところなら、次は　ぜひ　家族と（　　　　　）。
1 きています　　　　　　　　　　2 きていました
3 きてみたいです　　　　　　　　4 きてみたかったです

12 A「すみませんが、これを　そこに　入れて（　　　　　）。」
B「あ、はい。ここですね。」
1 くださいましたか　　　　　　　2 ございましたか
3 さしあげませんか　　　　　　　4 いただけませんか

13 A「時間が　あまりないから　早く　して。」
B「わかった。今（　　　　　）から。」
1 出発して　いる　　　　　　　　2 出発しそうだ
3 出発する　ところだ　　　　　　4 出発する　予定だ

14 A「ここは　くつを　はいた（　　　　　）入っても　いいですか。」
B「くつは　ここに　入れてから、スリッパを　はいて　ください。」
1 ことで　　　　　2 ままで　　　　　3 ときに　　　　　4 うちに

15 母の日には　花を　買って（　　　　　）人が　いちばん　多いそうです。
1 いただく　　　　2 くださる　　　　3 あげる　　　　　4 やる

もんだい1 （　　　）に　何を　入れますか。1・2・3・4から　いちばん　いい
　　　　　ものを　一つ　えらんで　ください。

1 どこに　行くか　来週（　　　　　）決めましょう。
　　1 中に　　　　　　2 間に　　　　　　3 ときに　　　　　4 すぎに

2 このごろ　インターネットを　見るから、新聞は　ほとんど（　　　　　）。
　　1 読みます　　　　2 読めます　　　　3 読みません　　　4 読ませません

3 A「2時の　飛行機は　遅れて　いるんですか。」
　　B「雪が　たくさん（　　　　　）出発できなく　なりました。」
　　1 降りため　　　　　　　　　　　　2 降らないため
　　3 降ったため　　　　　　　　　　　4 降らなかったため

4 どんなに（　　　　　）12時までに　着くのは　無理です。
　　1 急いだら　　　　2 急げば　　　　　3 急がないと　　　4 急いでも

5 A「会社を　やめてから　毎日　何を　して　いますか。」
　　B「子ども（　　　　　）毎日　楽しく　遊んで　いますよ。」
　　1 らしく　　　　　2 みたいに　　　　3 なのに　　　　　4 のまま

6 A「何回　電話しても　出ないけど、どうしたんだろう。」
　　B「10時から　会議が（　　　　　）から　今は　いそがしいんじゃない？」
　　1 あるつもりだ　　2 あるときだ　　　3 あるらしい　　　4 あるくらい

7 子どもにも　ていねいに　あいさつするなんて　田中さん（　　　　　）ね。
　　1 らしい　　　　　2 みたい　　　　　3 のよう　　　　　4 ばかり

8 A「100円ショップで　ネクタイも　売ってたよ。」
　　B「ネクタイを（　　　　　）デパートで　買わなくちゃ。」
　　1 買えば　　　　　2 買ったら　　　　3 買うなら　　　　4 買うと

⑨ A「テニスの　試合には　だれが　出るのかな。」
　 B「クラブの　先生に（　　　　）5人だけが　出るって　聞いたけど。」
　 1 選ばれた　　　　2 選んだ　　　　3 選ぶ　　　　4 選べる

⑩ A「映画は　もう　始まったんですか。」
　 B「早く　きて　ください。いま（　　　　　　）。」
　 1 始まった　はずです　　　　　　2 始まった　ところです
　 3 始まる　つもりです　　　　　　4 始まりません

⑪ おかあさんが（　　　　）うちに　早く　かたづけよう。
　 1 くる　　　　　2 きます　　　　3 きません　　　4 こない

⑫ どんなに（　　　　）かたくて　開きません。
　 1 開くとしても　　　　　　　　　2 開けても
　 3 開いても　　　　　　　　　　　4 開けようと　しても

⑬ A「田中さんに　れんらくして　くださいますか。」
　 B「はい。今　電話番号を（　　　　　）ところです。」
　 1 調べて　ある　　　　　　　　　2 調べて　おく
　 3 調べて　あげる　　　　　　　　4 調べて　いる

⑭ わたしの　祖父は　めがねを（　　　　）新聞の　字が　見えません。
　 1 かけないと　　　2 かければ　　　3 かけないで　　　4 かけないなら

⑮ 道に　まよって　いたら、近くの　人が　教えて（　　　　）。
　 1 やった　　　　　2 あげた　　　　3 もらった　　　4 くれた

もんだい1 （　　　）に　何を　入れますか。1・2・3・4から　いちばん　いい
　　　　　ものを　一つ　えらんで　ください。

1 田中さんは（　　　　　　）親切です。
　1 何にでも　　　　2 どこにでも　　　3 だれとでも　　　4 だれにでも

2 A「これ、アメリカまで　どのくらい　かかりますか。」
　B「ふつう　郵便だと　だいたい　1週間（　　　　　　）。」
　1 すぎです　　　　2 ぐらいです　　　3 ごろです　　　4 までです

3 A「あそこで　先生と（　　　）人は　だれですか。」
　B「先生の　おとうとさんです。」
　1 はなして　おく　　　　　　　　2 はなして　みる
　3 はなして　いる　　　　　　　　4 はなして　ある

4 あした　友だちから　ほんを（　　　　　）。
　1 かりて　きます　　　　　　　　2 かりて　います
　3 かして　きます　　　　　　　　4 かして　あります

5 今、外に　だれか　いる（　　　　　　）。　人の　声が　聞こえる。
　1 ことだ　　　　2 ものだ　　　　3 らしい　　　　4 そうだ

6 窓から　見える　山の　景色が　まるで　絵の（　　　　　）。
　1 そうです　　　　2 ことです　　　3 ほどです　　　4 ようです

7 アメリカに（　　　　　）、英語の　勉強を　してから　行った　ほうが　いいです。
　1 行けば　　　2 行くなら　　　3 行かなければ　　　3 行かないと

8 さっき　コーヒーを　飲んだから（　　　　　）。
　1 お茶を　します　　　　　　　2 お茶が　あります
　3 お茶に　します　　　　　　　4 お茶は　いいです

9 A「お子さんが　大きくなって　何に　なれば　いいですか。」
B「いつも　人の　きもちが　わかるように（　　　　）ですね。」
1 なってあげたい　2 なってほしい　3 なってみたい　4 なってしまう

10 A「すみません。この　中で　写真を　とっても　いいですか。」
B「いいえ。美術館の　中では　写真を（　　　　）。」
1 とらなければ　なりません。　　2 とらなくても　いいです。
3 とらないと　いいです。　　4 とらないで　ください。

11 A「お昼ごはん、いっしょに　食べない？」
B「ごめん。1時までに（　　　　）仕事が　あるから、先に　行って。」
1 終わることになる　　2 終わらせられる
3 終わらせなくてはならない　　4 終われる

12 すずきさん、私の　話を　聞いて（　　　　）。
1 さしあげますか　　2 いただけませんか
3 くださいました　　4 いただきますか

13 A「家に（　　　　）お客さんが　きて　いたけど　知ってる　人？」
B「ああ、お母さんの　高校のときの　友だちだって。」
1 帰れば　　2 帰るとき　　3 帰ったら　　4 帰っても

14 山田「先生、もう　すっかり　よく　なりましたから　退院（　　　　）。」
医者「まだ　歩くと　痛いようだから　あと　1週間　待ちましょう。」
1 されて　ください　　2 させて　ください
3 されて　あげます　　4 させて　あげます

15 私は　横断歩道を　わたれない　おばあさんの　手を　ひいて（　　　　）。
1 いただきました　　2 いらっしゃいました
3 さしあげました　　4 くださいました

もんだい1　（　　　）に　何を　入れますか。1・2・3・4から　いちばん　いい
　　　　　ものを　一つ　えらんで　ください。

1 何も　ありませんが、たくさん（　　　　　　　）ください。
　1 ちょうだいして　2 お食べして　　　3 いただいて　　　4 めしあがって

2 A「お飲みものは　何に（　　　　　　）。」
　B「毎日　コーヒーを　飲んで　いるから、きょうは　ジュースにします。」
　1 いたしますか　　　　　　　　　　2 まいりますか
　3 なさいますか　　　　　　　　　　4 なられますか

3 もうしわけございませんが、キップを（　　　　　）。
　1 はいけんします　　　　　　　　　2 ごらんいただきます
　3 みてさしあげます　　　　　　　　4 おみせします

4 必要な　ことが　ございましたら、何でも（　　　　）ください。
　1 おっしゃって　　2 言われて　　　3 もうして　　　4 お聞きされて

5 A「この　デザインで　赤い　色の　くつは　ありますか。」
　B「はい、（　　　　　　）。少々　おまちください。」
　1 おります　　　2 もうします　　　3 ございます　　　4 いらっしゃいます

6 午後　お客さまが（　　　　　）ので　会議室を　準備して　ください。
　1 まいる　　　　　2 いらっしゃる　　3 これる　　　　4 おこしする

7 A「これを　どう　動かすのか　わからないんですが。」
　B「わたしが（　　　　　）から　やって　みましょう。」
　1 手伝いなさいます　　　　　　　　2 お手伝いします
　3 お手伝いになります　　　　　　　4 手伝って　いただきます

8 パソコンを（　　　　　）方は　こちらに　お名前を　お書きください。」
　1 ご利用に　なる　　2 ご利用させる　　3 お利用に　なる　　4 お利用される

9 A「最近、中山先生は　どう　なさっていますか。」
　B「土曜日に（　　　　　　）が、お元気でした。」
　1 お会いしました　　　　　　　2 お会いになりました
　3 ご会いしました　　　　　　　3 ご会いになりました

10 先生も　毎日　この　ドラマを（　　　　　）そうです。
　1 お目にかかる　　2 見て　おる　　3 ごらんになる　　4 お見になる

11 A「田中部長、いらっしゃいましたら　お願いいたします。」
　B「ただいま　田中は　外出して　社内に（　　　　）。」
　1 ございませんが　　　　　　　2 おりませんが
　3 いらっしゃいませんが　　　　4 ありませんが

12 A「コーヒーを　もう1ぱい（　　　　　　）。」
　B「夜、ねむれなく　なるから　けっこうです。」
　1 お飲まれますか　　　　　　　2 お飲みになりますか
　3 飲んでさしあげますか　　　　4 飲んでいただきますか

13 A「こんど　結婚される　お二人の　ことは　ごぞんじでしょうか。」
　B「はい、小さいころから　よく（　　　　　）おります。」
　1 お知りになって　　2 わかって　　3 ごぞんじして　　4 ぞんじて

14 A「パーティーは　どこで　するんでしょうか。」
　B「（　　　　　）ので　どうぞ　こちらに　おいで　ください。」
　1 案内する　　2 案内いただく　　3 ご案内なさる　　4 ご案内します

15 ここは　山本先生が　3年間（　　　　　）中学校です。
　1 お過ごした　　2 ご過ごしになった　3 過ごされた　　4 過ごしなされた

확인문제 1

1 ② 어제는 감기로 학교를 쉬었습니다.
2 ③ 특급 전철은 큰 역에서만 멈춥니다.
3 ② A「어서 따뜻해졌으면 좋겠어요.」
　　 B「서쪽은 벚꽃이 피기 시작했대요.」
4 ② 채소는 물로 잘 씻고 나서 드세요.
5 ④ A「길을 모를 때는 택시를 타면 됩니다.」
　　 B「택시는 비싸서 한 번도 탄 적이 없습니다.」
6 ② 이 가게는 카드로 물건을 살 수 있습니다.
7 ③ 집을 나가기 전에 잊은 것이 없는지 확인합니다.
8 ② 열심히 청소를 했더니 깨끗해졌습니다.
9 ③ 오늘은 아직 뉴스를 보지 않았습니다.
10 ② A「어, 2층에서 이상한 소리가 나는데.」
　　 B「그래? 그럼 잠깐 보고 올게.」
11 ③ A「휴일에는 항상 무엇을 합니까?」
　　 B「도서관에서 책을 읽거나 공부를 하거나 합니다.」
12 ④ 문제가 너무 어려워서 하나도 풀 수 없었습니다.
13 ① 10월부터 지하철 요금이 오르게 되었습니다.
14 ② 목욕을 한 후에 밥을 먹기로 했습니다.
15 ④ 백화점에서 팔고 있는 물건은 슈퍼만큼 싸지 않다.

확인문제 2

1 ③ 병원에 가지 않아도 약은 드세요.
2 ④ A「3월인데도 춥네요.」
　　 B「그래도 겨울만큼 춥지 않지요? 이제 곧 봄이에요.」
3 ③ A「여름 방학에 어딘가 갑니까?」
　　 B「가족과 일주일간 오키나와에 가기로 했습니다.」
4 ③ A「이번 콘서트는 예약을 하지 않아도 들어갈 수 있대요.」
　　 B「그것 참 다행이네요.」
5 ② 아기가 하루 종일 울기만 해서 잘 수가 없습니다.
6 ③ 길을 걸어가다가 전혀 본 적 없는 사람에게 인사를 받았습니다.
7 ① A「시험이 끝나고 학생들은 뭘 하고 있습니까?」
　　 B「함께 영화를 보거나, 매일 놀기만 합니다.」
8 ④ 괜찮으시다면 이거 쓰지 않을래요? 많이 있으니까.
9 ① 선생님의 설명을 들으니 잘 알게 되었습니다.
10 ③ 점심은 카레와 스파게티 중 어느 쪽으로 하시겠어요?

11 ④ A「오랜만에 고향에 돌아가 무얼 할 건가요?」
　　 B「친구를 만나고 싶습니다.」
12 ① 가방이 커서 무엇이든지 들어갑니다.
13 ② 냉장고에 있던 주스는 전부 마셔 버렸습니다.
14 ① A「이 시간은 전철이 붐빕니까?」
　　 B「회사나 학교에 갈 시간이니까 조금 더 기다리는 편이 좋겠네요.」
15 ② A「아침밥을 먹고 와도 됩니까?」
　　 B「병원에 오기 전에는 아무것도 먹지 마세요.」

확인문제 3

1 ① 일기예보에서 비가 온다고 말했습니다.
2 ③ 비가 올지도 모르니까, 우산을 가지고 가자.
3 ② A「월요일에 부탁했던 것은 되었습니까?」
　　 B「죄송합니다. 토요일까지 걸릴 거라 생각합니다.」
4 ② 케이크를 만들었습니다. 맛있는지 어떤지 먹어봐 주세요.
5 ③ A「개 이름은 타로라고 부르나요? 사람 같네요.」
　　 B「저에게 있어 타로는 가족과 같으니까요.」
6 ② 돈도 없고, 시간도 없습니다. 그래서 이번 여행은 갈 수 없습니다.
7 ① A「저, 이 볼펜을 써도 됩니까?」
　　 B「여기에 있는 것은 어떤 것이든 자유롭게 사용하세요.」
8 ④ 봉지 뒤에 「5월 7일까지 먹을 수 있습니다.」라고 쓰여 있습니다.
9 ① A「맛있어 보이는 케이크네요!」
　　 B「아이가 먹고 싶어 해서 만들었습니다.」
10 ② 자, 모두 함께 사진을 찍을 테니까 움직이지 마세요.
11 ① A「다음 주 회의는 어디서 하나요?」
　　 B「제 1회의실에서 오후 1시부터 할 예정으로 되어 습니다.」
12 ③ 1주일에 2회, 아이를 피아노 교실에 다니게 하고 있습니다.
13 ③ 감기에 걸려서 열이 날 때는 욕조에 들어가서는 안 됩니다.
14 ② 내년은 3급 시험을 보려고 생각하고 있습니다.
15 ③ 일본어를 읽지 못하면 이 일은 할 수 없습니다.

확인문제 ④

1 ② A「무엇을 찾고 있습니까?」
　　B「핸드폰이요. 아무리 찾아도 <u>어디에도</u> 없습니다.」
2 ② 답을 <u>다 적은</u> 사람은 이쪽으로 내 주세요.
3 ④ 아이가 <u>자고 있는</u> 사이에 옆방에서 텔레비전을 보고 있었습니다.
4 ④ A「나카무라 씨는 매일 열심히 일을 하고 있네요.」
　　B「네, 가족을 <u>위해서</u> 힘내고 있습니다.」
5 ① A「이 컴퓨터 작동하지 않게 되었는데.」
　　B「나는 <u>못 고치니까</u> 가게에 가져가.」
6 ② A「저기요. 이거, <u>사용 방법을</u> 잘 모르겠는데요.」
　　B「간단해요. 여기를 누르기만 하면 됩니다.」
7 ② A「모두 이쯤에서 도시락을 <u>먹자</u>고 해요.」
　　B「그렇네요. 조금 지쳤으니까 점심을 먹을까요?」
8 ① 시간이 없으니까 빨리 <u>준비하지 않으면</u>.
9 ③ A「이번 주 일요일에 영화를 보러 가지 않을래?」
　　B「미안. 도서관에서 리포트를 <u>쓰려고 해</u>.」
10 ② 초등학생도 알 수 <u>있도록</u> 히라가나로만 썼습니다.
11 ② A「졸업하면 무엇을 하고 싶나요?」
　　B「연구소에서 공부를 계속할 <u>생각</u>입니다.」
12 ③ 결혼해서 빨리 부모님을 <u>기쁘게 해</u> 드리고 싶습니다.
13 ④ A「뭔가 이상한 냄새가 <u>나네요</u>.」
　　B「그런가요? 아무것도 안 느껴지는데요.」
14 ② 아무도 없는 방에 전기가 <u>켜져 있습니다</u>.
15 ④ 이거, 아주 <u>맛있어 보이는</u> 케이크네요.

확인문제 ⑤

1 ③ A「와, 예쁜 옷이네요.」
　　B「생일에 어머니께 <u>받았습니다</u>.」
2 ① 쉬는 동안에 숙제를 전부 <u>끝냈습니다</u>.
3 ④ 그 사람이 아무 연락도 하지 않고 회사를 쉴 <u>리가 없습니다</u>.
4 ② 정원의 풀 속에서 벌레 소리가 들려왔습니다.
5 ③ 이번 시험은 그다지 <u>어렵지 않았</u>다.
6 ④ 날씨가 좋았는데 갑자기 비가 <u>내리기 시작했</u>다.
7 ③ 담당자가 설명한 <u>대로</u> 길을 걸어왔습니다.
8 ② 일기예보에 의하면 내일 눈이 <u>내린</u>다고 합니다.
9 ③ 지금 저녁 메뉴를 <u>생각하고 있는</u> 중입니다.

10 ③ A「내일은 운동회가 있는데 비가 내리지 않을까요?」
　　B「일기예보를 보지 못해서 비가 <u>올지 어떨지</u> 잘 모르겠네요.」
11 ④ A「<u>바빠 보이네요</u>. 도와줄까요?」
　　B「감사합니다. 그럼 이걸 부탁드립니다.」
12 ③ A「전철이 좀처럼 오지 않네요.」
　　B「역무원의 말로는 사고가 있어서 1시간 정도 <u>늦는다고</u> 합니다.」
13 ④ 아침에 늦어서 선생님이 교실을 청소 <u>시켰습니다</u>.
14 ① 언제나 겨울이 끝나고 따뜻해지면 벚꽃이 핍니다.
15 ② 그럼, 이번 주 금요일에 회사로 <u>방문하겠습니다</u>.

확인문제 ⑥

1 ② 오늘은 올 수 있는<u>지</u> 물어보지 않으면 모릅니다.
2 ② 홋카이도의 <u>크기</u>는 도쿄의 38배입니다.
3 ③ 티켓을 사고 싶은데 어디로 <u>가면 좋을지</u> 모르겠습니다.
4 ③ A「이번에 생긴 슈퍼는 손님이 많네.」
　　B「다른 가게에 <u>비해서</u> 30% 정도 싸니까.」
5 ② 7시를 지나니 하늘이 <u>밝아지기 시작</u>했습니다.
6 ① 다나카 씨에게 다음 주 이사한<u>다고 하는</u> 이야기를 들었습니다.
7 ② 아침 10시에 출발하니까, 9시 30분<u>까지는</u> 모여 주세요.
8 ① 숙제가 많아서 금요일까지 전부는 <u>할 수 있을 것 같지 않</u>아.
9 ② A「지금까지 시계를 차지 않더니 무슨 일인가요?」
　　B「생일에 여자 친구가 <u>주었어요</u>.」
10 ③ 이 신발은 가벼워서 아주 <u>신기</u> 편합니다.
11 ③ A「얼굴이 빨간데, <u>무슨 일 있으세요?</u>」
　　B「왠지 약간 열이 있는 것 같아요.」
12 ② 학생「선생님, 이번 시험은 뭘 공부하면 좋을까요?」
　　선생님「세계의 경제<u>에 대해</u> 문제를 내겠습니다.」
13 ② 이제 조금밖에 없습니다. 빨리 <u>사지 않으면</u> 없어져 버립니다.

14 ④ 우산을 갖고 가지 않았더니 비를 <u>맞고</u> 말았습니다.

15 ① A「감기는 어때? 열은 아직 있어?」
B「열은 벌써 <u>떨어졌어</u>. 기침은 아직 나지만.」

확인문제 ❼

1 ③ 컴퓨터는 텔레비전<u>과는</u> 다릅니다.
2 ④ 집에서부터 회사까지는 자동차로밖에 <u>못 갑니다</u>.
3 ③ 손님이 올 때까지 방을 깨끗하게 <u>해 둬</u> 주세요.
4 ① 텔레비전의 뉴스<u>에 의하면</u> 큰 사고가 있다고 합니다.
5 ② A「요즘 자전거 사고가 많대.」
B「스마트폰을 <u>보면서</u> 타는 건 위험하지.」
6 ② 지금도 가끔 초등학교 때 친구에게 전화할 <u>때가 있습니다</u>.
7 ④ A「제 전화번호는 누구에게 들었습니까?」
B「다나카 씨가 가르쳐 <u>주었습니다</u>.」
8 ③ 안경을 바꿨더니 멀리 있는 것이 <u>보이게 되었습</u>니다.
9 ① 도쿄는 사람이 많고 도로가 <u>좁은 것에</u> 놀랐습니다.
10 ④ 역에 <u>도착하면</u> 바로 전화해 주세요.
11 ③ 이렇게 경치가 좋은 곳이라면 다음에는 꼭 가족<u>과 와</u> 보고 싶네요.
12 ④ A「실례합니다만, 이걸 거기에 넣어 주시겠어요?」
B「아, 네. 여기 말이죠.」
13 ③ A「시간이 그다지 없으니까 빨리 해.」
B「알았어. 지금 출발할 참이니까.」
14 ② A「여기는 구두를 신은 <u>채로</u> 들어가도 됩니까?」
B「구두는 여기에 넣고, 슬리퍼를 신어 주세요.」
15 ③ 어머니의 날에 꽃을 사 <u>주는</u> 사람이 가장 많다고 합니다.

확인문제 ❽

1 ① 어디로 갈지 다음 주 <u>중에</u> 정합시다.
2 ③ 요즘 인터넷에서 보니까 신문은 거의 <u>읽지 않습</u><u>니다</u>.

3 ③ A「2시 비행기는 늦어지고 있는 건가요?」
B「눈이 많이 <u>내렸기</u> 때문에 출발할 수 없게 되었습니다.」
4 ④ 아무리 <u>서둘러도</u> 12시까지 도착하는 건 무리입니다.
5 ② A「회사를 그만두고 매일 뭘 하고 있나요?」
B「아이<u>처럼</u> 매일 즐겁게 놀고 있어요.」
6 ③ A「몇 번이나 전화해도 받지 않는데, 무슨 일일까?」
B「10시부터 회의가 <u>있다는 것</u> 같으니까 지금은 바쁜 거 아닐까?」
7 ① 아이에게도 정중히 인사하다니 다나카 씨<u>답네요</u>.
8 ③ A「100엔 숍에서 넥타이도 팔고 있어.」
B「넥타이를 <u>살 거라면</u> 백화점에서 사야지.」
9 ① A「테니스 경기에는 누가 나오나요?」
B「동아리 선생님에게 <u>뽑힌</u> 5명만 나간다고 들었는데.」
10 ② A「영화는 벌써 시작됐습니까?」
B「빨리 오세요. 지금 <u>막</u> 시작했습니다.」
11 ④ 어머니가 <u>오기 전에</u> 얼른 정리합시다.
12 ④ 아무리 <u>열려고</u> 해도 꽉 닫혀서 열리지 않습니다.
13 ④ A「다나카 씨에게 연락해 주시겠어요?」
B「네. 지금 전화번호를 찾고 <u>있는</u> 중입니다.」
14 ① 우리 할아버지는 안경을 <u>쓰지 않으면</u>, 신문의 글씨가 보이지 않습니다.
15 ④ 길을 헤매고 있었더니, 근처에 있던 사람이 가르쳐 <u>주었다</u>.

확인문제 ❾

1 ④ 다나카 씨는 <u>누구에게나</u> 친절합니다.
2 ② A「이거 미국까지 얼마나 걸립니까?」
B「보통 우편이라면 대략 1주일 <u>정도입니다</u>.」
3 ③ A「저기서 선생님과 <u>이야기하고 있는</u> 사람은 누구입니까?」
B「선생님의 남동생입니다.」
4 ① 내일 친구에게 책을 <u>빌려 오겠습니다</u>.
5 ③ 지금 밖에 누군가 있는 <u>것 같다</u>. 사람 목소리가 들린다.
6 ④ 창문에서 보이는 산의 경치가 마치 그림 <u>같습니다</u>.
7 ② 미국에 <u>갈 거라면</u> 영어 공부를 하고 가는 편이 좋습니다.

8 ③ 좀 전에 커피를 마셨으니 <u>차로 하겠습니다</u>.
9 ② A「자녀분이 커서 뭐가 되면 좋겠어요?」
   B「항상 타인의 마음을 이해할 수 있게 <u>되길 바라</u>
   <u>요</u>.」
10 ④ A「저기요. 이 안에서 사진을 찍어도 되나요?」
   B「아니요. 미술관 안에서는 사진을 <u>찍지 말아 주</u>
   <u>세요</u>.」
11 ③ A「점심 같이 먹지 않을래?」
   B「미안. 1시까지 <u>끝내야</u> 할 일이 있으니까, 먼저 가.」
12 ② 스즈키 씨, 제 이야기를 들어<u>주시겠습니까</u>?
13 ③ A「집에 <u>갔더니</u> 손님이 와 있던데 아는 사람이야?」
   B「아, 어머니의 고등학교 시절 친구래.」
14 ② 야마다「선생님, 이제 완전히 좋아졌으니 <u>퇴원시</u>
   <u>켜 주세요</u>.」
   의사「아직 걸으면 아픈 것 같으니까 1주일 더 기
   다려보죠.」
15 ③ 나는 횡단보도를 건너지 못하는 할머니의 손을
   이끌어 <u>드렸습니다</u>.

11 ② A「다나카 부장님 계시면 부탁드립니다.」
   B「지금 다나카는 외출해서 회사 안에 <u>없습니다만</u>.」
12 ② A「커피를 한 잔 더 <u>드시겠어요</u>?」
   B「밤에 못 자게 되니까 괜찮습니다.」
13 ④ A「이번에 결혼하시는 두 분은 아시나요?」
   B「네, 어렸을 적부터 잘 <u>알고</u> 있습니다.」
14 ④ A「파티는 어디서 하는 겁니까?」
   B「<u>안내해 드릴</u> 테니 이쪽으로 와 주세요.」
15 ③ 여기는 야마모토 선생님이 3년간 <u>지내셨던</u> 중학
   교입니다.

확인문제 ⑩

1 ④ 차린 건 없지만 많이 <u>드세요</u>.
2 ③ A「음료는 무엇으로 <u>하시겠습니까</u>?」
   B「매일 커피를 마시고 있으니까, 오늘은 주스로
   하겠습니다.」
3 ① 실례합니다만 티켓을 <u>보겠습니다</u>.
4 ① 필요한 것이 있으시면 무엇이든 <u>말씀해</u> 주세요.
5 ③ A「이 디자인으로 빨간색 구두는 있습니까?」
   B「네 <u>있습니다</u>. 잠깐 기다려 주세요.」
6 ② 오후에 손님이 <u>오시니까</u> 회의실을 준비해 주세
   요.
7 ② A「이걸 어떻게 작동시키는 건지 모르겠는데요.」
   B「제가 <u>도와드릴</u> 테니까 해 봅시다.」
8 ① 컴퓨터를 <u>이용하시는</u> 분은 이쪽에 이름을 적어
   주세요.
9 ① A「요즘 나카야마 선생님은 어떻게 지내고 계시
   나요?」
   B「토요일에 <u>만나 뵀</u>는데 건강하셨습니다.」
10 ③ 선생님도 매일 이 드라마를 <u>보신다고</u> 합니다.

문제유형 · 문장만들기(5문항)

나열된 단어를 의미에 맞게 조합할 수 있는지를 묻는 문제

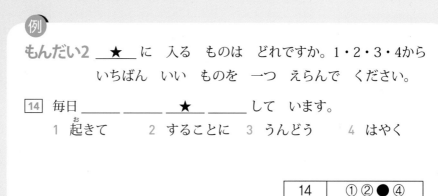

例

もんだい2 ___★___ に 入る ものは どれですか。1・2・3・4から
いちばん いい ものを 一つ えらんで ください。

14 毎日 _____ _____ __★__ _____ して います。
   1 起きて   2 することに   3 うんどう   4 はやく

| 14 | ① ② ● ④ |

포인트

① ★표의 위치는 세 번째 밑줄 위에 주로 있으나 예외적으로 두 번째나 그 외의 위치에 있을 때도 있으니 ★표의 위치를 잘 확인하고 답안을 작성하자.

② 〈もんだい2〉는 문제를 먼저 읽기 전에 우선 선택지를 훑어보고 선택지의 4개의 단어만으로 한번 앞뒤를 맞추어 본 다음에 문제를 살펴보면 쉽게 문장을 완성할 수 있을 때가 많다.

③ 만일 그래도 안 풀릴 때는 4개의 밑줄 중 맨 마지막 밑줄에 들어가는 단어를 선택지에서 고르도록 하자. 그것만 찾아내면 나머지는 쉽게 풀릴 것이다.

학습요령

지금까지 공부한 모든 문법의 규칙을 사용하여 문장을 완성해야 한다. 익숙해지기 전에는 다소 어렵게 느껴지겠지만 퍼즐을 맞추는 재미도 있다.

もんだい2 ___★___ に 入る ものは どれですか。1・2・3・4から いちばん
いい ものを 一つ えらんで ください。

1 こんどの _____ _____ ___★___ _____ ありませんでした。

1 この前の 2 むずかしく 3 問題ほど 4 試験は

2 春に なっても _____ _____ ___★___ _____ 外に でます。

1 ゆっくりしてから 2 寒いので
3 家で 4 朝は

3 バスに _____ _____ ___★___ _____ 乗れませんでした。

1 いっしょうけんめい 2 遅れるかと
3 はしったのに 4 おもって

4 A「あそこに 何て 書いて あるか わかりますか。」
B「あれですか。_____ _____ ___★___ _____ わかりませんね。」

1 ぜんぜん 2 小さすぎて
3 書いて ある ことが 4 字が

5 雨が ふる 夜は _____ _____ ___★___ _____ 気を つけましょう。

1 見えにくいから 2 運転は
3 車の 4 道路が

もんだい2 　★　に　入る　ものは　どれですか。1・2・3・4から　いちばん
いい　ものを　一つ　えらんで　ください。

1　ごはんは ＿＿＿ ＿★＿ ＿＿＿ ＿＿＿ 食べなくちゃ。

　　1 やさいや　　　　　2 すきなものだけ　3 さかなも　　　　4 食べないで

2　夜までには ＿＿＿ ＿★＿ ＿＿＿ ＿＿＿ 母に　伝えて　ください。

　　1 かえるから　　　　　　　　　2 いいと
　　3 心配しなくても　　　　　　　4 家に

3　公園では ＿＿＿ ＿★＿ ＿＿＿ ＿＿＿ います。

　　1 遊んで　　　　　　　　　　　2 たくさんの
　　3 子どもたちが　　　　　　　　4 楽しそうに

4　A「ここに　あった　メモは　知りませんか。」
　　B「ゴミだと ＿＿＿ ＿★＿ ＿＿＿ ＿＿＿ だったんですか。」

　　1 だいじな　もの　　　　　　　2 おもって
　　3 すてて　　　　　　　　　　　4 しまいましたが

5　今から　スーパーへ ＿＿＿ ＿★＿ ＿＿＿ ＿＿＿ かたづけてね。

　　1 へやの　中を　　　　　　　　2 行って　くるから
　　3 かいものに　　　　　　　　　4 帰るまでに

もんだい2　___★___ に　入る　ものは　どれですか。1・2・3・4から　いちばん
　　　　　　いい　ものを　一つ　えらんで　ください。

1　いくら　つかれて　いても _____ _____ __★__ _____ 思<small>おも</small>います。

　　1 健康<small>けんこう</small>に　　　　　　　　　　　　　2 ねてばかりいると

　　3 よく　ないと　　　　　　　　　　　4 家の　中で

2　勉強<small>べんきょう</small>が _____ _____ __★__ _____ ありません。

　　1 どこにも　　　　　　　　　　　　2 いそがしくて

　　3 旅行した　ことが　　　　　　　　4 日本の

3　A「これは　どうやって　食べれば　いいですか。」

　　B「かんたんです。ふくろの _____ _____ __★__ _____ いいんです。」

　　1 あけないで　　　　　　　　　　　2 あたためれば

　　3 まま　　　　　　　　　　　　　　4 2分<small>ふん</small>くらい

4　新しい　特急<small>とっきゅう</small>の　席は _____ _____ __★__ _____ そうです。

　　1 へやの　　　　　　2 りっぱだ　　　　3 ホテルの　　　　　　4　　ように

5　もし　雨が　ふったら _____ _____ __★__ _____ なります。

　　1 授業<small>じゅぎょう</small>は　　　　　2 する　ことに　　　3 体育館<small>たいいくしつ</small>で　　　　4 テニスの

もんだい2 　＿★＿　に　入る　ものは　どれですか。1・2・3・4から　いちばん
いい　ものを　一つ　えらんで　ください。

1 A「お待たせして　すみませんでした。」
B「いいえ。わたしも ＿＿＿＿ ＿★＿ ＿＿＿＿ ＿＿＿＿ ですから。」
1 おくれて　　　　2 ついたところ　　3 少しまえに　　4 電車が

2 きょうは ＿＿＿＿ ＿★＿ ＿＿＿＿ ＿＿＿＿ できませんでした。
1 わすれたために　2 さいふを　　　　3 のる　ことが　4 電車に

3 A「だれか　英語が　じょうずな　人は　いないかな。」
B「吉田さんは ＿＿＿＿ ＿＿＿＿ ＿★＿ ＿＿＿＿ きいて　みたら。」
1 外国に　　　　　　　　　　　2 子どもの　ころ
3 らしいから　　　　　　　　　4 住んで　いた

4 A「あしたは ＿＿＿＿ ＿★＿ ＿＿＿＿ ＿＿＿＿ ください。」
B「はい、わかりました。」
1 早い　時間に　　　　　　　　2 おくれないで
3 テストを　するので　　　　　4 いつもより

5 テレビを ＿＿＿＿ ＿＿＿＿ ＿★＿ ＿＿＿＿ なりました。
1 はっきり　　　2 なおしたら　　3 見えるように　4 まえより

もんだい2 ___★___ に 入る ものは どれですか。1・2・3・4から いちばん
いい ものを 一つ えらんで ください。

1 A「ごめん、ちょっと おくれちゃった。」
　 B「映画が ＿＿＿＿ ＿＿＿＿ ＿★＿ ＿＿＿＿！」
　 1 ないから 　　　 2 急ごう 　　　　 3 はじまるまで 　 4 5分しか

2 日曜日に ＿＿＿＿ ＿＿＿＿ ＿★＿ ＿＿＿＿席が ありませんでした。
　 1 レポートを 　　 2 思いましたが 　 3 書こうと 　　　　 4 図書館で

3 友だちの ＿＿＿＿ ＿＿＿＿ ＿★＿ ＿＿＿＿つもりです。
　 1 プレゼントする 　　　　　　 2 いちばん 大きい
　 3 たんじょうびには 　　　　　 4 ケーキを

4 この ボタンを ＿＿＿＿ ＿＿＿＿ ＿★＿ ＿＿＿＿ちょっと 待って。
　 1 ドアが 　　　　 2 はずだから 　 3 おせば 　　　　 4 あく

5 A「3日前だから もう チケットは 買えないでしょうね。」
　 B「そうですね。＿＿＿＿ ＿★＿ ＿＿＿＿ ＿＿＿＿みましょうか。」
　 1 調べて 　　　　　　　　　　 2 わからない
　 3 けれど 　　　　　　　　　　 4 買えるか どうか

もんだい2　___★___　に　入る　ものは　どれですか。1・2・3・4から　いちばん
　　　　　いい　ものを　一つ　えらんで　ください。

1　きょうは　道路が ＿＿＿＿ ___★___ ＿＿＿＿ ＿＿＿＿ そうです。
　　1 家まで　　　　　　　　　　　2 こんで　いるから
　　3 かかり　　　　　　　　　　　4 1時間くらい

2　このあいだ ＿＿＿＿ ___★___ ＿＿＿＿ ＿＿＿＿ 合って　いますか。
　　1 これで　　　　2 もらった　　　　3 教えて　　　　4 住所は

3　A「あしたは　何か　よていが　ありますか。」
　　B「友だちと ＿＿＿＿ ___★___ ＿＿＿＿ ＿＿＿＿ です。」
　　1 よてい　　　　2 えいがを　　　　3 見に　　　　4 出かける

4　A「暑くても ＿＿＿＿ ___★___ ＿＿＿＿ ＿＿＿＿ いたく　なるよ。」
　　B「だって　ごはんが　おいしく　ないから　しょうがないでしょ。」
　　1 おなかが　　　　2 つめたいもの　　　3 食べると　　　　4 ばかり

5　きょうの　ニュースで　学生が ＿＿＿＿ ＿＿＿＿ ___★___ ＿＿＿＿ 紹介された。
　　1 ひとりしか　　　2 学校の　　　3 卒業式が　　　4 いない

もんだい2　＿★＿に　入る　ものは　どれですか。1・2・3・4から　いちばん
　　　　　いい　ものを　一つ　えらんで　ください。

1　その　映画は　昔_{むかし}　見た　ことが　あるが ＿＿＿ ＿＿＿ ＿★＿ ＿＿＿
　　しまった。
　　1　か　　　　　　　2　名前だった　　3　何という　　　4　忘_{わす}れて

2　宿題_{しゅくだい}で　漢字_{かんじ}の　問題_{もんだい}が ＿＿＿ ＿＿＿ ＿★＿ ＿＿＿ 3時間も　かかった。
　　1　けれど　　　　2　調_{しら}べる　　　3　出た　　　　　4　のに

3　A「田中_{たなか}さんは　スマートフォンを　持って　いないんですか。」
　　B「はい、スマホは ＿＿＿ ＿＿＿ ＿★＿ ＿＿＿ 買わなかったんです。」
　　1　いても　　　　2　使わない　　　3　持って　　　　4　と　思って

4　そこまで　行くのに ＿＿＿ ＿＿＿ ＿★＿ ＿＿＿ 行きませんでした。
　　1　も　　　　　　2　いうから　　　3　2時間　　　　4　かかると

5　こんなに　重い　かばんを ＿＿＿ ＿★＿ ＿＿＿ ＿＿＿ むりです。
　　1　には　　　　　2　もつ　　　　　3　子ども　　　　4　のは

もんだい2　＿★＿に　入る　ものは　どれですか。1・2・3・4から　いちばん
　　　　　いい　ものを　一つ　えらんで　ください。

1　その　映画は　昔（むかし）　見た　ことが　あるが ＿＿＿ ＿＿＿ ＿★＿ ＿＿＿
　　しまった。
　　1　か　　　　　　　2　名前だった　　3　何という　　　4　忘（わす）れて

2　宿題（しゅくだい）で　漢字（かんじ）の　問題（もんだい）が ＿＿＿ ＿＿＿ ＿★＿ ＿＿＿ 3時間も　かかった。
　　1　けれど　　　　2　調（しら）べる　　　3　出た　　　　　4　のに

3　A「田中（たなか）さんは　スマートフォンを　持って　いないんですか。」
　　B「はい、スマホは ＿＿＿ ＿＿＿ ＿★＿ ＿＿＿ 買わなかったんです。」
　　1　いても　　　　2　使わない　　　3　持って　　　　4　と　思って

4　そこまで　行くのに ＿＿＿ ＿＿＿ ＿★＿ ＿＿＿ 行きませんでした。
　　1　も　　　　　　2　いうから　　　3　2時間　　　　4　かかると

5　こんなに　重い　かばんを ＿＿＿ ＿★＿ ＿＿＿ ＿＿＿ むりです。
　　1　には　　　　　2　もつ　　　　　3　子ども　　　　4　のは

もんだい2　___★___　に　入る　ものは　どれですか。1・2・3・4から　いちばん
　　　　　いい　ものを　一つ　えらんで　ください。

1　A「先生、終わったら　外に　出ても　いいですか。」
　　　B「はい、こたえが ＿＿＿ ＿＿＿ ＿★＿ ＿＿＿ 出ても　いいですよ。」
　　　1 人は　　　　　　　2 かき　　　　　　3 ぜんぶ　　　　　4 おわった

2　子どもが　前から ＿＿＿ ＿＿＿ ＿★＿ ＿＿＿ 行った。
　　　1 ほしいと　　　　　　　　　　2 買いに
　　　3 いって　いたので　　　　　　4 自転車が

3　先生に　授業で ＿＿＿ ＿★＿ ＿＿＿ ＿＿＿ もらいました。
　　　1 コンピュータの　2 使い方を　　　3 使う　　　　　4 教えて

4　A「ここに　車を　とめても　いいですか。」
　　　B「そこは　トラックが ＿＿＿ ＿★＿ ＿＿＿ ＿＿＿。」
　　　1 とめないで　　　2 車を　　　　　3 とまるから　　　4 ください

5　本を　借りる　ときは ＿＿＿ ＿＿＿ ＿★＿ ＿＿＿ なりません。
　　　1 つくった　　　　　2 みせなければ　　3 としょかんで　　4 カードを

もんだい2　__★__　に　入る　ものは　どれですか。1・2・3・4から　いちばん
　　　　　　いい　ものを　一つ　えらんで　ください。

1　ケーキを　_____ _____ __★__ _____ 食べてね。
　　1　おくから　　　　2　みんなで　　　　3　いれて　　　　　4　れいぞうこに

2　A「この　くすりは　1日に　なんかい　飲めば　いいですか。」
　　B「1日に_____ 、_____ __★__ _____ ように　して　ください。」
　　1　飲む　　　　　　2　ごはんの　　　　3　3回　　　　　　4　あとで
　　　　　　　　　　　　　　　　　　　　　　　かい

3　夏休みは　絵を　_____ _____ __★__ _____ すごす　つもりです。
　　なつやす
　　1　いったり　　　　2　しながら　　　　3　旅行に　　　　　4　かいたり
　　　　　　　　　　　　　　　　　　　　　　りょこう

4　おふろから　出て　体を　_____ __★__ _____ _____ ことが　あります。
　　1　かぜを　　　　　2　ふかないと　　　3　ひく　　　　　　4　きれいに

5　A「山田さんから　電話が　ありましたか。」
　　　　やま だ　　　　　でん わ
　　B「はい、_____ __★__ _____ _____ おきました。」
　　1　会議中に　　　　　　　　　　　　2　して
　　　かい ぎ ちゅう
　　3　ありましたので　　　　　　　　　4　メモを

もんだい2　___★___に　入る　ものは　どれですか。1・2・3・4から　いちばん
　　　　　いい　ものを　一つ　えらんで　ください。

1 病院の　中では　どこでも _____ _____ __★__ _____ 言(い)われました。
　　1 すっては　　　　2 と　　　　　　3 いけない　　　4 たばこを

2 となりの　へやで _____ __★__ _____ _____ しますね。
　　1 にくを　　　　　　　　　　　2 おいしそうな
　　3 やいて　いるのか　　　　　　4 においが

3 A「とても　ふるい　家ですね。」
　　B「この　建物(たてもの)は _____ __★__ _____ _____ そうです。」
　　1 100年(ねん)　　　　2 建(た)てられた　　　3 いまから　　　4 まえに

4 長(なが)いあいだ _____ _____ __★__ _____ でした。
　　1 ありません　　　2 して　　　　　3 もうしわけ　　　4 お待(ま)たせ

5 がんばった　レポートを _____ _____ __★__ _____ うれしかったです。
　　1 ほめて　　　　　2 せんせい　　　3 いただいて　　　4 に

1 ③ 4-1-3-2
이번 시험은 이전의 문제만큼 어렵지 않았습니다.

2 ③ 4-2-3-1
봄이 되어도 아침은 추워서 집에서 느긋하게 있다가 밖에 나갑니다.

3 ① 2-4-1-3
버스에 늦을 거라 생각해서 열심히 뛰었지만 타지 못했습니다.

4 ③ 4-2-3-1
A「저기에 뭐라고 적혀 있는 지 아시겠나요?」
B「저거 말인가요? 글자가 너무 작아서 적혀 있는 게 전혀 모르겠네요.」

5 ③ 4-1-3-2
비가 오는 밤에는 도로가 잘 보이지 않으니까 자동차 운전에 조심하도록 합시다.

1 ④ 2-4-1-3
식사는 좋아하는 것만 먹지 말고 채소나 생선도 먹어야 해.

2 ① 4-1-3-2
밤까지는 집에 돌아갈 테니까 걱정하지 않아도 된다고 어머니께 전해 주세요.

3 ③ 2-3-4-1
공원에서는 많은 아이들이 즐거운 듯이 놀고 있습니다.

4 ③ 2-3-4-1
A「여기에 있던 메모 모르시나요?」
B「쓰레기라고 생각해서 버려 버렸는데 중요한 것이었나요?」

5 ② 3-2-4-1
지금부터 슈퍼에 장보러 다녀올테니 돌아올 때까지 방안을 정리해.

1 ① 4-2-1-3
아무리 피곤해도 집 안에서 자기만 하면 건강에 좋지 않다고 생각해요.

2 ① 2-4-1-3
공부가 바빠서 일본 어디로도 여행 간 적이 없습니다.

3 ④ 3-1-4-2
A「이건 어떻게 먹으면 되나요?」
B「간단합니다. 봉투째 열지 말고 2분 정도 데우면 됩니다.」

4 ④ 3-1-4-2
새로운 특급 좌석은 호텔 방처럼 훌륭하다고 합니다.

5 ③ 4-1-3-2
만약 비가 오면 테니스 수업은 체육관에서 하게 됩니다.

1 ① 4-1-3-2
A「기다리게 해서 죄송합니다.」
B「아니요, 저도 전철이 늦어서 조금 전에 막 도착한 참이라서요.」

2 ① 2-1-4-3
오늘은 지갑을 잃어버려서 전철을 탈 수 없었습니다.

3 ④ 2-1-4-3
A「누구 영어를 잘하는 사람 없나?」
B「요시다 씨가 어렸을 때 외국에서 살았던 모양인데 물어보면 어때.」

4 ① 4-1-3-2
A「내일은 평소보다 이른 시간에 시험을 보니까 늦지 마세요.」
B「네, 알겠습니다.」

5 ① 2-4-1-3
텔레비전을 고쳤더니 전보다 뚜렷이 보이게 되었습니다.

1　① 3-4-1-2
　　A「미안, 조금 늦어 버렸어.」
　　B「영화가 시작하기까지 5분밖에 안 남았으니까
　　　서두르자.」
2　③ 4-1-3-2
　　일요일에 도서관에서 리포트를 쓰려고 생각했지
　　만 자리가 없었습니다.
3　④ 3-2-4-1
　　친구의 생일에는 가장 큰 케이크를 선물할 생각
　　입니다.
4　④ 3-1-4-2
　　이 버튼을 누르면 문이 열릴 테니까 잠시만 기다려.
5　② 4-2-3-1
　　A「3일 전이니까 이제 티켓을 못 사겠네요.」
　　B「글쎄요. 살 수 있을지 어떨지 모르겠지만 알
　　　아볼까요?」

1　① 2-1-4-3
　　오늘은 도로가 막히니까 집까지 1시간 정도 걸릴
　　것 같아요.
2　② 3-2-4-1
　　요전에 가르쳐 주신 주소는 이게 맞나요?
3　③ 2-3-4-1
　　A「내일은 뭔가 예정이 있습니까?」
　　B「친구와 영화를 보러 나갈 예정입니다.」
4　④ 2-4-3-1
　　A「더워도 차가운 것만 먹으면 배탈 날 거야.」
　　B「근데, 밥이 맛없으니까 어쩔 수 없잖아.」
5　② 1-4-2-3
　　오늘 뉴스에서 학생이 한 명밖에 없는 학교의 졸
　　업식이 소개되었다.

1　① 3-2-1-4
　　그 영화는 옛날에 본 적이 있는데 무슨 제목이었
　　는지 잊어버렸다.
2　② 3-1-2-4
　　숙제로 한자 문제가 나왔는데 찾아보는 데 3시간
　　이나 걸렸다.
3　② 3-1-2-4
　　A「다나카 씨는 스마트폰을 가지고 있지 않나
　　　요?」
　　B「네, 스마트폰은 갖고 있어도 쓰지 않을 거라
　　　생각해서 사지 않았습니다.」
4　④ 3-1-4-2
　　거기까지 가는 데 2시간이나 걸린다고 해서 가지
　　않았습니다.
5　④ 2-4-3-1
　　이렇게 무거운 가방을 드는 것은 아이에게는 무
　　리에요.

1　④ 3-2-4-1
　　A「선생님, 끝나면 밖에 나가도 되나요?」
　　B「네, 답을 전부 적은 사람은 나가도 됩니다.」
2　③ 4-1-3-2
　　아이가 전부터 자전거를 갖고 싶다고 해서 사러
　　갔다.
3　① 3-1-2-4
　　선생님께서 수업에서 사용할 컴퓨터의 사용법을
　　가르쳐 주셨습니다.
4　② 3-2-1-4
　　A「여기에 차를 세워도 됩니까?」
　　B「거기는 트럭이 서는 곳이니까 자동차를 세우
　　　지 말아 주세요.」
5　④ 3-1-4-2
　　책을 빌릴 때는 도서관에서 만든 카드를 보여 줘
　　야 합니다.

1　① 4-3-1-2
　　케이크를 냉장고에 넣어 둘 테니 다 같이 먹어.

2　④ 3-2-4-1
　　A「이 약은 하루에 몇 번 먹으면 되나요?」
　　B「하루에 3번, 식사 후에 복용하도록 하세요.」

3　① 4-3-1-2
　　여름 방학에는 그림을 그리거나 여행을 가거나
　　하면서 보낼 생각입니다.

4　② 4-2-1-3
　　목욕을 하고 몸을 깨끗이 닦지 않으면 감기에 걸
　　릴 수 있습니다.

5　③ 1-3-4-2
　　A「야마다 씨로부터 전화가 있었습니까?」
　　B「네, 회의 중에 전화가 와서 메모를 해 놓았습
　　　니다.」

1　③ 4-1-3-2
　　병원 안에서는 어디서도 담배를 피워서는 안 된
　　다고 들었습니다.

2　③ 1-3-2-4
　　옆 방에서 고기를 굽는지 맛있는 냄새가 나네요.

3　① 3-1-4-2
　　A「몹시 낡은 집이네요.」
　　B「이 건물은 지금으로부터 100년 전에 지어졌
　　　다고 합니다.」

4　③ 4-2-3-1
　　오랫동안 기다리시게 해서 대단히 죄송합니다.

5　① 2-4-1-3
　　열심히 쓴 리포트를 선생님께 칭찬 받아서 기뻤
　　습니다.

글의 흐름에 맞는 문법을 찾는 문제
주어진 글을 읽으면서 글의 내용과 흐름에 맞는 말을 빈칸에 넣는 문제이다.

もんだい3 [21] から [25] に 何を 入れますか。文章の 意味を
考えて、1・2・3・4から 一つ えらんで ください。

> 人の話をもっと上手に聞けるようにしたいと思ったことは、あるだろ
> うか？ [21]、あなたは少数派に属する。たいていの人は、もっと上
> 手に話せるようにしたいと思うことはあるにしても、もっと上手に聞
> けるようにしたいと思うことは、あまりない。そんなことはおもいも
> よらないというひとだって [22]。

[21]　1　もしあるとしても　　　　2　もしあるとしたら
　　　3　あってもなくても　　　　4　もしないとすれば

| 21 | ①●③④ |

포인트

〈もんだい3〉에서는 단락과 단락을 잇는 '접속사'와, 긍정인지 부정인지 혹은 부분
부정인지를 묻는 '문말표현', 그리고 문법 기능어가 아니더라도 글의 흐름에 있어
중요한 역할을 하는 '어구'를 고르는 문제가 반드시 나온다.

학습요령

① 〈もんだい3〉은 〈もんだい2〉와는 달리 선택지를 먼저 봐서는 안 된다. 아무리 급
해도 글 전체를 처음부터 차근차근 읽어 가면서 ☐☐☐ 안에 들어갈 내용을 적어
보고, 그것을 토대로 선택지를 보면 정답이 보일 것이다.

② ☐☐☐ 안에 들어갈 적당한 말을 찾기 어려울 때는 글의 흐름과 논리의 방향을
기호로만 표시해도 된다. 순접은 「→」, 역접은 「←」, 부연은 「〈」, 바꾸어 말하기는
「≒」, 긍정은 「○」, 부정은 「×」 등과 같은 기호로 메모해 두자.

もんだい3　1から5に　何を　入れますか。文章の　意味を　考えて、1・2・3・4
　　　　　から　一つ　えらんで　ください。

つぎは シュウさんの作文です。

　きのうは 家で カレーを 作る ために スーパーへ 買い物に 行きました。
やさいと にくを 買いましたが、家に 1 作ろうと したら カレーが あり
ません。 2 ように メモして いったのに、その メモを 見る ことを 忘れ
て しまったんです。また 買いに いく 元気は なかったので、料理の 本を
3 ほかの ものを 作る ことに しました。

　（料理の 本から）

　やさいと にくは 食べやすい 大きさに 切った 4 、フライパンに のせ
ます。それから スープを 火に かけて、しおと 牛乳で 味を つけます。ざい
りょうが やわらかく なったら 食べて ください…。

　こんなに かんたんな 料理なら わたしでも 5 そうです。時間は 10分
くらいしか かかりません。メモを 忘れた おかげで、ひとりで 作れる 料理
が また ひとつ ふえました。

1　1 帰っていって　　2 帰ってきて　　3 行ってきて　　4 行ってみて

2　1 忘<small>わす</small>れる　　2 忘<small>わす</small>れてしまう　　3 忘<small>わす</small>れない　　4 忘<small>わす</small>れなくなる

3　1 見ながら　　2 見ても　　3 見ていて　　4 見ようと

4　1 まえ　　2 あいだ　　3 うち　　4 あと

5　1 できる　　2 できた　　3 でき　　4 できて

もんだい3　1　から　5　に　何を　入れますか。文章の　意味を　考えて、1・2・3・4
　　　　　から　一つ　えらんで　ください。

つぎは ジョージさんの 手紙です。

　　3年2組の みなさん、おげんきですか。

　　ジョージです。日本を はなれてから、まだ 2週間しか　1　が、みな さ
んに とても 会いたいです。1年間、日本に いた ことは ぼくに とって ほ
んとうに たいせつな けいけんでした。こちらに 帰って きてからも、父や
母に 写真を 見せながら たくさん 話を します。
　　たとえば はじめて 教室に はいって 先生　2　紹介された ときは とても
はずかしかった こと。でも みなさんは すぐ ぼくに 学校の ことを いろい
ろ　3　から 安心できました。それから クラブを いっしょに したり、ま
ちの中を 案内して　4　した ことも 忘れられません。親切な みなさんの
おかげで 自分の 家に いるような きもちに なれました。
　　いま こちらは 日本と はんたいに 夏です。ぼくの 家から 海が 近いの
で、まいにち およぎに 行きます。みなさんが こちらに 遊びに きたら、こ
の海が よく 見える 特別な ばしょに 案内しますから たのしみに して くだ
さい。では、おげんきで。いちにちも 早く また 会いたいです。　5　遊び
に きて くださいね。まって います。

　　　　　　　　　　　　　　　　　　　　　　　　　　　　　ジョージ

1 　1　たちました　　　　　　　　　　2　たちます
　　 3　たたなかったです　　　　　　　　4　たちません

2 　1　が　　　　　　2　は　　　　　　3　に　　　　　4　を

3 　1　おしえてもらった　　　　　　　　2　おしえてあげた
　　 3　おしえてくれた　　　　　　　　　4　おしえた

4 　1　もらっても　　　2　もらったり　　　3　もらったら　　　4　もらうとか

5 　1　また　　　　　2　とくに　　　　3　やはり　　　　4　ぜひ

もんだい3　　1　から　5　に　何を　入れますか。文章の　意味を　考えて、1・2・3・4
　　　　　　から　一つ　えらんで　ください。

つぎは　新聞に　のって　いた　文章です。

　おうだんほどうを　わたって　いる　とき、信号が　赤に　なって　しまった　こ
とは　ありませんか。信号が　かわる　時間は　1びょうに　1m　歩く　ことを　も
とに　して　決められて　いる　そうです。　1　年を　とった　人や、うまく　歩け
ない　人は　短い　時間で　わたれないのかも　しれません。早く　行かなくちゃと
　2　きんちょうして　足が　動かなく　なります。そんな　ときは　近くに　いる
人が　たすけて　あげる　ことが　必要です。車を　運転して　いる　人も「たいへ
んだな」と　思って、すこし　待つ　ことが　できれば　いいですね。

　　3　あいての　気持ちに　なって　考える　ことでは　ないでしょうか。わた
したちは　おうだんほどうは　そんなに　遠く　ないと　思って　います。でも、
ほかの　人　4　とても　遠い　みちに　見える　ことが　あります。

　いつも　ほかの　人の　目で　どう　見えるかを　考えれば　いやな　気持ちに　なる
ことが　少なく　なるのでは　ないでしょうか。信号を　待って　いる　5　そん
な　ことを　考えました。

---

1 1 そして　　　　2 だから　　　　3 でも　　　　　4 それに

2 1 思わないと　　　　　　　　2 思うそうで
   3 思えば 思うほど　　　　　　4 思わなければ

3 1 たいせつなのは　　　　　　2 たいせつで ないのは
   3 たいせつだから　　　　　　4 たいせつな ときは

4 1 に ついては　　　　　　　2 に くらべては
   3 に おいては　　　　　　　4 に とっては

5 1 ところ　　　　2 あいだ　　　　3 なかで　　　　4 ばかり

もんだい3 1 から 5 に 何を 入れますか。文章の 意味を 考えて、1・2・3・4
から 一つ えらんで ください。

つぎは アレナさんの 作文です。

　えきで きっぷを 1 と した とき、おかねを 入れたのに きっぷが 出ま
せんでした。えきの 人に「おかねを 入れましたが きっぷが 出ません」と
言いました。えきの 人は「へんですね。もういちど おかねを 入れて くだ
さい」と 言って ボタンを おしました。2 おかねが 出て きましたが、
よく 見ると 日本の おかねでは ありませんでした。まちがって 自分の 国の
おかねを 入れて しまったんです。えきの 人は わらいながら「日本の おか
ねと よく にて いますね。3 から、べつの さいふに 入れた ほうが いい
ですよ」と 言いました。わたしは 少し はずかしく なりましたが、しんせ
つな ことばを 聞いて 気分が よかったです。

　まだ 日本に きてから あまり たって いないから、これからも しっぱいを
するかも しれません。そんな ときには はずかしいと 4 、「また ひと
つ べんきょうに なった」と 思う 5 。国に いる ときは べんきょうが き
らいでしたが、外国に いれば べんきょうする ことが 楽しいと いう ことが
少し わかって きました。

---

1 1 買う　　　　　　2 買います　　　　3 買おう　　　　　4 買いたい

2 1 だから　　　　　2 それで　　　　　3 それなら　　　　4 すると

3 1 まちがえやすい　　　　　　　　2 まちがえにくい
　　3 まちがえてほしい　　　　　　　4 まちがえない

4 1 思^{おも}って　　　　2 思^{おも}ったから　　3 思^{おも}わないで　　4 思^{おも}うのに

5 1 ことになります　　　　　　　　2 ことにしました
　　3 ほうになります　　　　　　　　4 ほうにしました

もんだい3　1 から 5 に 何を 入れますか。文章の 意味を 考えて、1・2・3・4
　　　　　から 一つ えらんで ください。

つぎは アリさんが 中村さんに 送った メールです。

中村さん

　この間の おいしい 日本料理は ありがとうございました。とても おいし
くて ごはんを 2はいも 食べてしまいました。料理を 1 おなかが 苦し
く なりましたが、 2 おいしい ごはんは はじめてでした。わたしは 今
まで よく スプーンや フォークを つかって 食事を して いました。でも、
日本に きてから いっしょうけんめい はしを もつ 練習を しました。今で
も はしをもつのは 難しいですが、なれると 小さい ものでも とれる 3
べんりですね。料理の 色も とても きれいだったし、お店の 人も 親切でし
た。いつか 故郷に いる 子どもたちにも 4 あげたいと 思いました。
　わたしの 国では トマトを たくさん 使う 料理が とても 有名です。中村さ
んは やさいは お好きですか。こんど、東京で 友だちが やって いる レスト
ランに 行きましょう。 5 友だちも よろこぶと 思いますよ。
　では、また。

8月 5日　アリ

1　1　食べそうで　　2　食べれば　　3　食べすぎて　　4　食べるはずで

2　1　こんなに　　2　そんなに　　3　あんなに　　4　どんなに

3　1　ように なって　　　　　2　ことに なって
　　3　かと 思って　　　　　　4　らしくて

4　1　食べて　　2　食べられて　　3　食べないで　　4　食べさせて

5　1　だいぶ　　2　きっと　　3　たまに　　4　ぜんぜん

もんだい3　⬚1⬚から⬚5⬚に　何を　入れますか。文章の　意味を　考えて、1・2・3・4
　　　　　から　一つ　えらんで　ください。

つぎは「漢字」に ついて 書かれた 文章です。

　漢字の はつおんが おぼえられなくて、こまって いる 人が ⬚1⬚ と いわ
れます。ひとつの 漢字に ふたつ 以上の 読みかたが あって、どれを ⬚2⬚
か わからない という 人も 多いです。⬚3⬚ 人の なまえや、場所の なまえ
は 日本人でも 読めない 人が いるくらい むずかしいです。小学校4年生で
ならう「良」と いう 漢字は ふつう「りょう」、「よい(良い)」と 読みます
が、なまえに 使える 読みかたが 20以上 ⬚4⬚ ある そうです。
　たとえば 大阪の 近くで、古い 寺が たくさん ある「奈良」と いう とこ
ろは「なら」と 読みます。「良」は「ら」と 読む ⬚5⬚ からです。さいきん
は女の 子の なまえで「咲良」と いう なまえに 人気が ありますが、「花
が 咲く」と いいますから「咲」を「さく」と 読ませて、「良」は「ら」
と 読めば「さくら」に なります。そうです。「サクラの花」の「さくら」
です。これは もう 漢字クイズと いった ほうが いいかも しれませんね。

---

1 1 少ない　　　　　　　　　　2 少ないじゃ ない
　　3 少なく ない　　　　　　　　4 少なかった

2 1 読んでも いい　　2 読めば いい　　3 読みたい　　　　4 読ませたい

3 1 とくに　　　　　2 けっして　　　　3 このごろ　　　　4 しばらく

4 1 に　　　　　　　2 も　　　　　　　3 で　　　　　　　4 と

5 1 ために なる　　　2 ところに いる　　3 ことが できる　　4 ものに する

もんだい3　1 から 5 に 何を 入れますか。文章の 意味を 考えて、1・2・3・4
　　　　　から 一つ えらんで ください。

つぎは 留学生の 日記です。

6月15日 雨

　きょうも 雨が ふって いる。日本では いまの 季節を「つゆ」と いう。家
が 川の ちかくに あるから、こんなに たくさん ふって 水が いっぱいに な
ったら 1 と 心配に なる。それに 毎日 雨が ふると 外に 出るのが いや
に なる。くつや かばんが ぬれる 2 、かさが じゃまに なるからだ。せ
んたくした 服も 外に 3 から へやの 中に かける。 4 せまい へやが
もっと せまく 見える。でも 雨が やんで 天気が よく なった ときは きもち
が いい。空気も きれいに なる みたいだ。公園に さいて いる 花の 色は、
いつもより 青い 色が はっきり 見える。冬、雪が ふった ときは はじめは
きれいだが、あとで だんだん 雪が よごれて くる。雨は すぐに なくなるの
に、雪は 長いあいだ のこるから かたづけるのも たいへんだ。あと 1か月
くらい すれば つゆも 終わる 5 。そうしたら 海や プールに 行って 遊
びたい。

---

1 1 どうした 　　2 どうしたら 　　3 どうなる 　　4 どうしようか

2 1 が 　　2 し 　　3 と 　　4 のに

3 1 出ない 　　2 出られない 　　3 出せない 　　4 出せられない

4 1 それで 　　2 しかし 　　3 だが 　　4 それは

5 1 予定だ 　　2 つもりだ 　　3 はずだ 　　4 考えだ

もんだい3 　[1] から [5] に　何を　入れますか。文章の　意味を　考えて、1・2・3・4
　　　　　から　一つ　えらんで　ください。

つぎは 学生が 書いた 作文です。

アルバイト

　9月から 朝の 授業が はじまります。いままでは アルバイトが いそがしく
て、朝 早い 時間に 学校に 行くのは むりでした。夜 おそい 時間に 家に 帰
れば、つぎの 日の 朝は 早く [1] からです。だから 9月から 夜の アルバイ
トは しない ことに しました。その [2] 授業の ない 土曜日と 日曜日は 朝
から 夕方まで いっしょうけんめいに ひっこしの 仕事を します。大きい 冷蔵
庫の [3] 重い ものを はこぶ ときは たいへんです。5階より 高い 建物には
エレベーターが あるから いいですが、4階までなら 階段で [4]。入り口が
せまくて こまった ことも あります。げんかんから 入れないので、まどから 入
れた ときも ありました。

　それでも ひっこしが おわって 新しい 家に 入る ときは、なんだか とても
気分が よく なります。足や こしが いたく なるし、[5] 何も したくないの
に、「ああ、おわった」と、少し うれしく なります。これからも アルバイト
と 勉強を どちらも がんばりたいと 思います。

1　1　おきる　　　　2　おきない　　　　3　おきられる　　　　4　おきられない

2　1　おかげで　　　　2　かわりに　　　　3　つもりで　　　　4　おれいに

3　1　ように　　　　2　そうに　　　　3　らしく　　　　4　くらい

4　1　行ったほうがいいです　　　　2　行ってもいいです
　　　3　行ってはいけません　　　　4　行かなければなりません

5　1　疲（つか）れても　　　2　疲（つか）れながら　　　3　疲（つか）れて　　　4　疲（つか）れても

もんだい3　　1　から　5　に　何を　入れますか。文章の　意味を　考えて、1・2・3・4
　　　　　　から　一つ　えらんで　ください。

つぎはおれいの手紙です。

　　この　あいだは　遠い　ところから　きて　1　ありがとうございました。ひ
さしぶりに　楽しい　時間を　すごす　ことが　できました。みなさんの　顔を　見
て　とても　元気が　でました。このごろは　食事も　おいしいですし、ひとりで
病院の　中も　歩ける　ように　なって　います。スキーで　けがを　して　この　病院
に　入院した　ときは　2　と　思いました。足も　痛かったですが、これから
ここに　いつまで　いなくては　ならないかと　考えて　悲しく　なりました。家族は
毎日　きて　くれましたが、会社の　ことが　しんぱいで　夜も　3　ことが　あり
ました。

　　あれから　1カ月に　なりますが、きのう　先生に　4　あと1週間くらいで
家に　帰れる　そうです。その　ことばを　聞いた　ときは　うれしくて　このまま
外に　はしって　行きたく　なりました。思ったより　早く　5　です。家に　帰っ
たら　みなさんに　連絡を　しますので、また　会いましょう。

　　ほんとうに　ありがとうございました。

1 　1　さしあげて　　　　　　　2　くださって
　　 3　おめにかかって　　　　4　なさって

2 　1　どうしたか　　　　　　2　どうしないか
　　 3　どうなるか　　　　　　4　どうならないか

3 　1　ねる　　　　　　　　　2　ねない
　　 3　ねかせない　　　　　　4　ねられない

4 　1　聞いたら　　　　　　　2　聞いても
　　 3　聞けば　　　　　　　　4　聞くなら

5 　1　なおるのがよかった　　　2　なおってよかった
　　 3　なおらなくてよかった　　4　なおるとよかった

もんだい3　 1 から 5 に　何を　入れますか。文章の　意味を　考えて、1・2・3・4
　　　　　から　一つ　えらんで　ください。

つぎは みちこさんが マリアさんに 出した 手紙です。

　　マリアさん。

　　わたしは 今、北海道に 1 。
　　きのう 東京から 5時間くらい しんかんせんに 乗って、北海道の 玄関、
はこだてに 着きました。とちゅうで 海の 下を とおる トンネルも あったけ
ど、くらくて 2 見えませんでした。むかしは 船に 乗って 海を わたっ
た そうですが、いまは 便利に なった かわりに 景色が ぜんぜん 3 しま
いました。
　　はこだては 港の まちですが、とくに イカが 有名で 「イカめし」という
おべんとうは 人気が あります。市場にも おいしそうな さかなが たくさん
4 いましたよ。夜は 山に のぼって まちの 景色を 見ました。目の 下に
ひろがる 市内は 光の 海。夢の せかいに 5 きたのかと 思いました。 あ
したは また 電車に 乗って 温泉に 行く つもりです。北海道は 空が ひろく
て、きれいです。マリアさんも ぜひ いちど きて みて くださいね。

　　　　　　　　　　　　　　　　　　　　　　　　　　みちこ

---

1 1 きます   2 きて います
      3 くる つもりです   4 こようと して います

2 1 いつも   2 なにも   3 だれも   4 ひとりも

3 1 見えて   2 見えるよう になって
      3 見えなくて   4 見えなく なって

4 1 ならべて   2 ならべられて   3 ならばれて   4 ならばせて

5 1 でも   2 には   3 へも   4 なら

확인문제 ❶

정답   1 ②   2 ③   3 ①   4 ④   5 ③

다음은 슈 씨의 작문입니다.

어제는 집에서 카레를 만들기 위해 슈퍼에 장을 보러 갔습니다. 채소와 고기를 샀지만 집에 돌아와 만들려고 하니 카레가 없습니다. 잊지 않도록 메모를 했지만 그 메모를 보는 것을 잊어버렸던 것입니다. 다시 사러 갈 기력은 없어서 요리책을 보면서 다른 음식을 만들기로 했습니다.

(요리책에서)

채소와 고기는 먹기 좋은 크기로 자른 후, 프라이팬 위에 얹습니다. 그리고 수프를 끓여서 소금과 우유로 맛을 냅니다. 재료가 부드러워지면 드세요.

이렇게 간단한 요리라면 나도 할 수 있을 것 같습니다. 시간은 10분 정도밖에 걸리지 않습니다. 메모를 잊은 덕분에, 혼자서 만들 수 있는 요리가 또 하나 늘었습니다.

확인문제 ❷

정답   1 ④   2 ③   3 ③   4 ②   5 ④

다음은 조지 씨의 편지입니다.

3학년 2반 여러분, 잘 지내시나요?

조지입니다. 일본을 떠나온 지 아직 2주일밖에 지나지 않았지만, 여러분이 무척 보고 싶습니다. 1년간 일본에 있었던 것은 저에게 있어 정말 소중한 경험이었습니다. 이곳에 돌아와서도 아버지나 어머니에게 사진을 보여 주면서 많이 이야기를 합니다.

예를 들면 처음 교실에 들어와서 선생님께 소개되었을 때는 무척 부끄러웠던 일. 하지만 여러분은 바로 저에게 학교에 대해 이것저것 알려 줘서 안심할 수 있었습니다. 그리고 동아리(활동)를 같이 하거나, 마을을 안내받거나 했던 것도 잊을 수 없습니다. 친절한 여러분들 덕분에 우리 집에 있는 것 같은 기분이 들었습니다.

지금 여기는 일본과 반대로 여름입니다. 저희 집에서 바다가 가까워서 매일 수영을 하러 갑니다. 여러분이 이곳에 놀러 온다면 이 바다가 잘 보이는 특별한 장소로 안내할 테니까 기대해 주세요. 그럼 건강하세요. 하루라도 빨리 다시 만나고 싶습니다. 부디 놀러 와 주세요. 기다

리고 있겠습니다.

조지

확인문제 ❸

정답   1 ③   2 ③   3 ①   4 ④   5 ②

다음은 신문에 실린 글입니다.

횡단보도를 건너고 있을 때 신호가 빨간색으로 바뀐 적은 없습니까? 신호가 바뀌는 시간은 1초에 1m 걷는 것을 기반으로 정해져 있다고 합니다. 하지만 나이가 든 사람이나 잘 걷지 못하는 사람은 짧은 시간 안에 건너지 못할지도 모릅니다. 빨리 가려고 생각하면 생각할수록 긴장해서 다리가 움직이지 않게 됩니다. 그럴 때는 가까이 있는 사람이 도와주는 것이 필요합니다. 자동차를 운전하고 있는 사람도 '힘들겠네'라고 생각해서, 조금 기다릴 수 있으면 좋겠네요. 중요한 것은 상대방의 기분이 되어 생각하는 것이 아닐까요? 우리는 횡단보도는 그렇게 멀지 않다고 생각하고 있습니다. 그렇지만 다른 사람에게 있어서는 무척 먼 길로 보일 때가 있습니다.

언제나 다른 사람의 눈으로 어떻게 보일까를 생각하면 기분이 언짢아지는 일이 적어지지 않을까요? 신호를 기다리는 사이에 그런 것을 생각했습니다.

확인문제 ❹

정답   1 ③   2 ④   3 ①   4 ③   5 ②

다음은 아레나 씨의 작문입니다.

역에서 표를 사려고 했을 때, 돈을 넣었는데 표가 나오지 않았습니다. 역무원에게 "돈을 넣었는데 표가 나오지 않습니다."라고 말했습니다. 역무원은 "이상하네요. 한 번 더 돈을 넣어 주세요."라고 말하고 버튼을 눌렀습니다. 그러자 돈이 나왔는데 자세히 보니 일본 돈이 아니었습니다. 착각해서 우리나라 돈을 넣어 버린 것입니다. 역무원은 웃으면서 "일본의 돈과 닮았네요. 착각하기 쉬우니까 다른 지갑에 넣는 편이 좋아요."라고 말했습니다. 저는 조금 부끄러워졌지만, 친절한 말을 듣고 기분이 좋았습니다.

아직 일본에 온 지 얼마 안 되어서, 앞으로도 실수할지도 모릅니다. 그럴 때에는 부끄럽다고 생각하지 말고 '또

하나 공부가 되었다.'라고 생각하기로 했습니다. 고국에 있을 때는 공부를 싫어했지만 외국에 있으면 공부하는 것이 즐겁다는 것을 조금 알게 되었습니다.

확인문제 ⑤

정답   1 ③   2 ③   3 ①   4 ④   5 ②

다음은 아리 씨가 나카무라 씨에게 보낸 메일입니다.

나카무라 씨

요전에 맛있는 일본 요리 감사했습니다. 너무 맛있어서 밥을 두 공기나 먹어 버렸습니다. 요리를 과식해서 배가 아파졌지만 그렇게 맛있는 식사는 처음이었습니다. 저는 지금까지 주로 스푼이나 포크를 사용해서 식사를 해 왔습니다. 그러나, 일본에 와서 열심히 젓가락 쓰는 연습을 했습니다. 지금도 젓가락을 쓰는 것은 어렵지만, 익숙해지면 작은 것도 집을 수 있게 되어 편리하겠네요. 요리의 색도 무척 예뻤고, 가게의 사람도 친절했습니다. 언젠간 고향에 있는 아이들에게도 먹게 해 주고 싶다고 생각했습니다.

우리 나라에서는 토마토를 많이 사용하는 요리가 매우 유명합니다. 나카무라 씨는 채소는 좋아하시나요? 다음에 도쿄에서 친구가 하고 있는 레스토랑에 가요. 분명히 친구도 기뻐할 거라 생각합니다. 그럼 또 봬요.

8월 5일 아리

확인문제 ⑥

정답   1 ③   2 ②   3 ①   4 ②   5 ③

다음은 '한자'에 대해 쓰인 글입니다.

한자의 발음을 익히지 못해, 곤란해하는 사람들이 적지 않다고 합니다. 하나의 한자에 두 개 이상의 읽는 방법이 있어서, 어떤 것을 읽으면 좋을지 모르겠다고 하는 사람도 많습니다. 특히 사람의 이름이나 장소의 이름은 일본인들도 못 읽는 사람이 있을 정도로 어렵습니다. 초등학교 4학년이 배우는 '良'라는 한자는 보통 '료', '요이'라고 읽는데, 이름에 쓸 수 있는 읽는 법은 20개 이상이나 있다고 합니다.

예를 들면, 오사카 근처에 오래 된 절이 많이 있는 '奈良'라고 하는 곳은 '나라'라고 읽습니다. '良'은 '라'라고 읽

는 게 가능하기 때문입니다. 요즘은 여자아이의 이름으로 '咲良'라고 하는 이름이 인기가 있는데, '하나가 사쿠(꽃이 피다)'라고 하니까 '咲'를 '사쿠'라고 읽게 하고, '良'는 '라'라고 읽으면 '사쿠라'가 됩니다. 그렇습니다. '벚꽃'의 '사쿠라'입니다. 이건 이제 한자 퀴즈라고 하는 편이 좋을지도 모르겠군요.

확인문제 ⑦

정답   1 ④   2 ②   3 ③   4 ①   5 ③

다음은 유학생의 일기입니다.

6월 15일 비

오늘도 비가 오고 있다. 일본에서는 지금의 계절을 '쓰유(장마)'라고 한다. 집이 강 가까이에 있어서 이렇게 많이 비가 와서 물이 가득 차면 어떻게 할지 걱정이 된다. 게다가 매일 비가 오면 밖으로 나가는 것도 싫어진다. 신발이나 가방이 젖고 우산도 거추장스러워지기 때문이다. 세탁한 옷도 밖에 내놓을 수 없으니까 방 안에 건다. 그래서 좁은 방이 더 좁게 보인다. 그러나 비가 그치고 날씨가 좋아졌을 때는 기분이 좋다. 공기도 깨끗해지는 것 같다. 공원에 피어 있는 꽃의 색은 평소보다 푸른색이 뚜렷하게 보인다. 겨울에 눈이 왔을 때는 처음에는 예쁘지만, 나중에 점점 눈이 지저분해진다. 비는 금방 사라지는데 눈은 오랫동안 남기 때문에 치우는 것도 힘들다. 앞으로 한 달 정도 지나면 장마도 끝날 것이다. 그러면 바다나 수영장에 가서 놀고 싶다.

확인문제 ⑧

정답   1 ④   2 ②   3 ①   4 ④   5 ③

다음은 학생이 쓴 글입니다.

아르바이트

9월부터 아침 수업이 시작됩니다. 지금까지는 아르바이트가 바빠서 아침 이른 시간에 학교에 가는 것은 무리였습니다. 밤 늦은 시간에 집에 돌아가면 다음 날 아침은 일찍 일어날 수가 없기 때문입니다. 그래서 9월부터는 야간 아르바이트는 하지 않기로 했습니다. 그 대신에 수업이 없는 토요일과 일요일에는 아침부터 저녁까지 열심히 이사 일을 합니다. 커다란 냉장고와 같이 무거운 것

을 옮길 때는 무척 힘듭니다. 5층보다 높은 건물에는 엘리베이터가 있어서 괜찮지만, 4층까지라면 계단으로 <u>가야 합니다</u>. 입구가 좁아서 곤란한 경우도 있습니다. 현관으로 들어갈 수 없어서 창문으로 넣은 적도 있었습니다. 그래도 이사가 끝나고 새 집에 들어갈 때는 왠지 무척 기분이 좋아집니다. 다리나 허리가 아파지고 <u>지쳐서</u> 아무것도 하고 싶지 않은데도, '아, 끝났다.'하고, 조금 기뻐집니다. 앞으로도 아르바이트와 공부를 모두 다 열심히 하고 싶습니다.

확인문제 ❾

정답　1②　　2③　　3④　　4①　　5②

다음은 감사의 편지입니다.

일전에는 멀리서 와 <u>주셔서</u> 감사했습니다. 오랜만에 즐거운 시간을 보낼 수 있었습니다. 여러분의 얼굴을 봐서 무척 기운이 났습니다. 요즘은 식사도 맛있고, 혼자서 병원 안도 걸어 다닐 수 있게 되었습니다. 스키로 부상을 입어 이 병원에 입원했을 땐 <u>어떻게 될까</u> 생각했습니다. 다리도 아팠지만, 앞으로 여기에 언제까지 있어야 하나 하고 생각하니 슬퍼졌습니다. 가족은 매일 와 주었지만, 회사가 걱정돼서 밤에도 <u>잘 수 없었던</u> 때가 있었습니다.

그로부터 1개월이 되었는데 어제 의사 선생님에게 <u>물었더니</u> 앞으로 1주일 정도면 집에 돌아갈 수 있다고 합니다. 그 말을 들었을 땐 기뻐서 이대로 밖으로 달려 나가고 싶었습니다. 생각보다 빨리 <u>나아서 다행</u>입니다. 집에 돌아가면 여러분께 연락을 할테니 또 만나요. 정말 감사했습니다.

확인문제 ❿

정답　1②　　2②　　3④　　4②　　5①

다음은 미치코 씨가 마리아 씨에게 보낸 편지입니다.

마리아 씨.

저는 지금, 홋카이도에 <u>와 있습니다.</u>

어제 도쿄에서 5시간 정도 신칸센을 타고, 홋카이도의 현관, 하코다테에 도착했습니다. 도중에 바다 밑을 지나가는 터널도 있었는데, 어두워서 <u>아무것도</u> 보이지 않았습니다. 옛날에는 배를 타고 바다를 건넜다고 하는데, 지

금은 편리해진 대신에 경치가 전혀 <u>보이지 않게 되어</u> 버렸습니다.

하코다테는 항구 마을로, 특히 오징어가 유명해서 '이카메시'라고 하는 도시락이 인기가 있습니다. 시장에도 맛있어 보이는 생선이 잔뜩 <u>진열되어</u> 있었습니다. 밤에는 산에 올라가 마을의 경치를 보았습니다. 눈 아래 펼쳐진 시내는 빛의 바다. 꿈의 세계<u>라도</u> 온 걸까 하고 생각했습니다. 내일은 다시 전철을 타고 온천에 갈 생각입니다. 홋카이도는 하늘이 넓고 아름답습니다. 마리아 씨도 꼭 한 번 와 보세요.

미치코

N4

실전모의테스트
1회

문법

もんだい1 （　　）に 何を 入れますか。1・2・3・4から いちばん
いい ものを 一つ えらんで ください。

(例) この パソコンは 便利（　　）かるいです。

1 し　　　　　2 と　　　　　　3 で　　　　　4 に

（解答用紙）　　| （例） | ① ② ● ④ |

---

1 家まで 歩いたら 40分（　　）かかりました。

1 が　　　　　2 も　　　　　　3 まで　　　　4 にも

2 こんなに 寒い（　　）シャツ 一枚で だいじょうぶですか。

1 ほど　　　　2 より　　　　　3 のに　　　　4 ので

3 足が いたいので すわった（　　）あいさつしました。

1 ため　　　　2 まま　　　　　3 あいだ　　　4 ながら

4 A「富士山に 行ってみましたか。」

B「ええ、雪が ふった あとは 絵（　　）きれいですよ。」

1 のよりも　　　2 のなかで　　　　3 のうちに　　4 のように

5 A「あたらしい うんどうぐつですね。」

B「これなら 山に 行くときも（　　）やすいです。」

1 歩か　　　　2 歩き　　　　　3 歩く　　　　4 歩け

6 冷蔵庫の　中に　くだものが　入って（　　　）。

1　います　　　　　2　します　　　　　　　3　おきます　　　4　あります

7 A「この　みせで　チーズケーキを　たべませんか。」

B「太るから　ケーキは　食べない　ことに（　　　）。」

1　なりました　　2　しました　　　　　3　きまりました　4　されました

8 明日は　午後、お客さんが　くる（　　　）。

1　しか　ありません　　　　　　　　2　かも　しれません

3　ことに　します　　　　　　　　　4　わけです

9 父が　わたしに　あたらしい　スーツを（　　　）。

1　かって　くれました　　　　　　　2　かって　もらいました

3　かって　あげました　　　　　　　4　かって　みました

10 かさを　もって　行かなかったら　雨に（　　　）。

1　降らせました　　　　　　　　　　2　降らされました

3　降られました　　　　　　　　　　4　降りました

11 A「きのうは　ここで　事故が（　　　）ね。」

B「ニュースで　見ましたが　けがを　した　人は　いなかったようです。」

1　あるそうです　　　　　　　　　　2　あったそうです

3　ある　つもりです　　　　　　　　4　あっても　いいで

12 A「田中さんは 明日 ここに きますか。」

B「明日 （　　　　）わかりません。」

1　くるように　　2　くるか どうか　　3　くるのに　　　4　くるのも

13 A「レポートは いつまでに 出すことに なって いますか。」

B「来週中に （　　　　）。」

1　出さなくても いいです　　　　　2　出す ことに しました

3　出さなければ なりません　　　　4　出しにくいです

14 A「すみませんが、この にもつを （　　　　）。」

B「いいですよ。どこまで 運びましょうか。」

1　運んで もらえませんか　　　　　2　運んで ほしいですか

3　運んだら どうですか　　　　　　4　運ぶと いいですか

15 A「明日の うんどうかいは サンドイッチを 作る つもりだけど。」

B「じゃあ、ぼくは のみものを （　　　　）よ。」

1　持って みる　　　　　　　　　　2　持って しまう

3　持って あげる　　　　　　　　　4　持って 行く

もんだい2 __★__ に 入る ものは どれですか。1・2・3・4から
いちばん いい ものを 一つ えらんで ください。

---

16 A「電話を _____ _____ __★__ _____ しまいました。」
  B「少し 待って いれば すぐに きますよ。」

  1 電車が   2 あいだに   3 行って   4 して いる

17 右の ボタンを _____ __★__ _____ _____ です。

  1 出て くる 2 押せば   3 コーヒーが   4 はず

116

18 日本語の ＿＿＿ ＿＿＿ ★ ＿＿＿ 練習しました。

1　一生懸命に　　2　ように　　　　3　発音を　　　　　4　間違えない

19 A「さっき 中村さんと いう 人から 電話が ありましたよ。」

B「その 人は ＿＿＿ ★ ＿＿＿ ＿＿＿ なって います。」

1　夕方　　　　　2　高校の　　　　　3　会う ことに　　4　先輩で

20 A「車は 店の 前に 置いても いいですか。」

B「危険 ＿＿＿ ＿＿＿ ★ ＿＿＿ いただけませんか。」

1　屋上の　　　　2　とめて　　　　　3　駐車場に　　　　4　ですから

もんだい3 [21] から [25] に 何を 入れますか。文章の 意味を
考えて、1・2・3・4から いちばん いい ものを 一つ
えらんで ください。

下の 文章は「結婚」に ついての 意見です。

最近、結婚しない 若い人が [21]。原因は いろいろ あると 思います
が、とくに 経済の 問題が 大きい ようです。今は 昔に くらべて [22]
のは たしかです。大学を 卒業しても 会社に 入る のは 簡単じゃありま
せん。家を 建てるのは むずかしいし、子どもを 育てる ことも たいへん
です。無理を して 結婚 [23] 一人で 生活する ほうが いいと 思う
人が 多いのでしょう。一人 [24] 自由に おいしい 料理を 食べたり、旅
行に 行ったり、趣味を 楽しむ ことが できると 考えるのかも しれませ
ん。[25] 家族が いない 生活は さびしいです。私は 結婚.して、兄弟や
子どもたちと いっしょに いた 方が もっと 楽しいと 思います。

21

1　増えて　いる　はずです　　　　2　増えて　いません

3　増えて　いるかも　しれません　　4　増えて　いる　そうです

22

1　結婚しやすい　　　　　　　　　2　結婚しにくい

3　結婚したがる　　　　　　　　　4　結婚して　よかった

23

1　しても　　　　2　しながら　　　3　したら　　　　4　しないで

24

1　なら　　　　　2　より　　　　　3　から　　　　　4　だけ

25

1　それで　　　　2　けれど　　　　3　だから　　　　4　やっと

N4

실전모의테스트
2회

문법

もんだい1　（　　　）に　何を　入れますか。1・2・3・4から　いちばん
　　　　　　　いい　ものを　一つ　えらんで　ください。

(例) きょうは　寒い（　　　）雨も　ふってるし　かぜを　ひきそうです。

　　1　から　　　　　　2　が　　　　　　　3　し　　　　　　4　のは

　　(解答用紙)　　　| (例) | ① ② ● ④ |

1　この　薬は　いちにち（　　　）3かい　のまなければ　なりません。

　　1　は　　　　　　　2　に　　　　　　3　も　　　　　　4　で

2　試合に　かった　せんしゅたちは　みんな（　　　）ほめられました。

　　1　まで　　　　　　2　でも　　　　　　3　なら　　　　　　4　から

3　A「もうすぐ　はるに　なりますね。」

　　B「そうですね。朝も　1月（　　　）寒く　なくなりました。」

　　1　らしく　　　　　2　なら　　　　　　3　ほど　　　　　　4　だから

4　A「こんどの　にちようは　どこに　行こうか。」

　　B「こんで　いなければ（　　　）いいよ。」

　　1　いつでも　　　2　だれでも　　　　3　どこでも　　　4　なんでも

5　私が　行くから　心配（　　　）いいですよ。

　　1　しても　　　　2　したほうが　　　3　しなくても　　4　してあげれば

6 鈴木「もしもし　田中さん、きょうは　何時ごろ　おわりますか。」

田中「すみません。いま　忙しくて　あと　1時間は（　　　）。」

1　かかるそうです　　　　　　　　2　かかったんです

3　かかりそうです　　　　　　　　4　かかったようです

7 A「自転車の　かぎは　どこに　ありますか。」

B「そこの　テーブルの　上に　おいて（　　　）よ。」

1　います　　　　2　あります　　　　3　おきます　　　　4　しまいます

8 A「いっしょに　食事に　行きませんか。」

B「（　　　）食べたばかりで　今は　おなかが　いっぱいです。」

1　さっき　　　　2　きのう　　　　3　これから　　　　4　すぐに

9 授業が　おわってからも　先生に　べんきょう（　　　）。

1　しました　　　　　　　　　　2　させました

3　させられました　　　　　　　4　されました

10 母が　わたしに　セーターを（　　　）。

1　おくって　あげました　　　　　2　おくって　やりました

3　おくって　もらいました　　　　4　おくって　くれました

11 A「だいがくでは　なにを　研究して　いますか。」

B「アメリカの　歴史（　　　）しらべて　います。」

1　に　よって　　　2　に　ついて　　　3　に　とって　　　　4　に　くらべて

124

12 母「パソコン（　　　）見て　いると　目が　わるく　なりますよ。」

子「あと　1時間だけ　やったら　ねるから。」

1　ばかり　　　　2　ながら　　　　3　よりも　　　　4　ところ

13 A「しょるいは　まだ　届いて　いませんが。」

B「1週間　まえに　出したそうですから　もう　とどく（　　　）ですよ。」

1　らしい　　　　2　ため　　　　　3　とき　　　　　4　はず

14 A「部長さんは　来られましたか。」

B「はい、前田は　30分ほど　まえに（　　　）。」

1　いらっしゃいました　　　　　2　ございました

3　まいりました　　　　　　　　4　こられました

15 こどもが　はやく　歩けるように（　　　）です。

1　なって　みたい　　　　　　　2　なって　ほしい

3　なっても　いい　　　　　　　4　なる　つもり

もんだい2　　★　に　入る　ものは　どれですか。1・2・3・4から
　　　　　　　いちばん　いい　ものを　一つ　えらんで　ください。

(問題例)

　　毎日　＿＿＿＿＿　＿＿＿＿＿　＿★＿＿＿　＿＿＿＿＿　して　います。

　　1　起きて　　　　2　することに　　　　3　うんどう　　　　4　はやく

(答え方)

1. 正しい　文を　作ります。

> 毎日　＿＿＿＿＿　＿＿＿＿＿　＿★＿＿＿　＿＿＿＿＿　して　います。
> 　　　　4　はやく　　1　起きて　　3　うんどう　2　する　ことに

2. 　★　に　入る　番号を　黒く　塗ります。

(解答用紙)　(例)　① ② ● ④

16　パソコンは　＿＿＿＿　＿＿＿＿　＿★＿＿　＿＿＿＿　できます。

　　1　つかうことが　2　簡単に　　　　　3　このごろ　　　　4　だれでも

17　A「としょかんが　きょう　休みか　どうか　しって　いますか。」
　　B「きのうは　＿＿＿＿　＿＿＿＿　＿★＿＿　＿＿＿＿。」

　　1　おもいます　　2　休みだったから　3　開いて　いると　4　たぶん

18 A「きのうから　歯が　いたくて　夜も　ねむる　ことが　できません。」

B「ひどく ＿＿＿＿ ＿＿＿＿ ＿★＿ ＿＿＿＿ いいですよ。」

1　行った 　　　2　びょういんに 　　3　ならない　うちに　4　ほうが

19 金曜日は ＿＿＿＿ ＿＿＿＿ ＿★＿ ＿＿＿＿ しています。」

1　帰る　ことに 　2　する　ために 　　3　テニスを 　　　　4　5時までに

20 A「女性の　青い　運動靴は　ありますか。」

B「すみません。＿＿＿＿ ＿＿＿＿ ＿★＿ ＿＿＿＿ ありませんが。」

1　赤いの 　　　　2　運動靴は 　　　　3　女性の 　　　　4　しか

もんだい3 [21] から [25] に 何を 入れますか。文章の 意味を 考えて、1・2・3・4から いちばん いい ものを 一つ えらんで ください。

下の 文章は 留学生の 作文です。

ぼくは 今年 大学に 入学しました。はじめは 友だちが 少なくて 寂しかったですが、日本文化研究会に 入ってから 毎日が [21]。まだ 日本の ことは よく 知らないので、最初は だいじょうぶかと 思いましたが、今は [22] 慣れました。会が 終わった あとは みんなで 食事を [23] いろいろな 話を します。先輩が 大学の ことや、レポートを どう 書くか [24] ことも あります。その あとで 遊びに 行く 人も いるし、アルバイトに 行く 人も います。ぼくも いつか アルバイトを して みたいです。夏には みんなで いっしょに 海に 行く ことに しました。日本で 田舎を 旅行するのは はじめてです。汽車に 乗った ことも 一度しか ないので、 今度の 旅行を とても [25]。

21

1 楽しい　かもしれません　　　2 楽しそうです

3 楽しく　なりました　　　　　4 楽しいでしょう

22

1 かならず　　2 しばらく　　　3 はっきり　　　4 すっかり

23

1 しながら　　2 しないで　　　3 しやすく　　　4 したいが

24

1 教えて　あげる　　　　　　　2 教えて　くれる

3 教えて　もらう　　　　　　　4 教えて　しまう

25

1 楽しかったと　思います　　　2 楽しいでしょう

3 楽しみに　して　います　　　4 楽しむでしょう

실전모의테스트 1회

문법

문제 1 (   )에 무엇을 넣습니까? 1・2・3・4에서 가장 적당한 것을 하나 골라 주세요.

1 家まで 歩いたら 40分（   ）かかりました。

　　1　が　　　　　2　も　　　　　3　まで　　　　4　にも

정답　2　집까지 걸었더니 40분이나 걸렸습니다.

어휘　家 집 | 歩く 걷다 | かかる 걸리다

해설　숫자 뒤에 나오는 조사「も」는 숫자의 정도를 강조할 때 쓰이며 '〜나, 〜씩이나'로 해석한다.

---

2 こんなに 寒い（   ）シャツ 一枚で だいじょうぶですか。

　　1　ほど　　　　　2　より　　　　　3　のに　　　　4　ので

정답　3　이렇게 추운데 셔츠 하나로 괜찮습니까?

어휘　こんなに 이렇게 | 寒い 춥다 | シャツ 셔츠 | 一枚 한 장

해설　「のに」는 '〜임에도 불구하고, 〜인데도'라는 뜻으로 일반적인 예상과는 반대되는 일이 일어남을 표현할 때 사용된다.「ほど」는 '정도, 만큼',「より」는 비교격 조사로 '〜보다',「ので」는 '〜이므로, 〜라서'라는 뜻으로 문맥상 정답이 될 수 없다.

---

3 足が いたいので すわった（   ）あいさつしました。

　　1　ため　　　　　2　まま　　　　　3　あいだ　　　　4　ながら

정답　2　발이 아파서 앉은 채로 인사했습니다.

어휘　ため 위해서, 때문에 | あいだ 사이 | ながら 하면서

해설　「ため」는 동사 과거형에 붙을 경우 '〜때문에'라는 뜻으로 쓰이므로 문맥상 부적절하다.「あいだ」의 경우는 '〜동안, 〜사이에'라는 뜻으로 진행형에 접속한다.「ながら」또한 동사의「ます」에 붙어 '〜하면서'라는 뜻을 가지므로 접속 형태부터가 오답이라는 것을 알 수 있다.「과거형(た)+まま」는 '〜한 채로'라는 뜻으로 정답이 된다.

---

4 A 「富士山に 行ってみましたか。」

　　B 「ええ、雪が ふった あとは 絵（   ）きれいですよ。」

　　1　のよりも　　　　2　のなかで　　　　3　のうちに　　　　4　のように

정답　4　A : 후지산에 가 보았습니까?

　　　　B : 네, 눈이 내린 뒤에는 그림처럼 아름다워요.

어휘　雪 눈 | 降る 내리다 | 絵 그림

해설　명사에「のように」를 접속하면 '마치 〜와 같다'는 비유를 나타낸다.

<u>5</u>　A　「あたらしい　うんどうぐつですね。」
　　B　「これなら　山<ruby>やま</ruby>に　行くときも　（　　）やすいです。」
　　1　歩<ruby>ある</ruby>か　　　　　2　歩<ruby>ある</ruby>き　　　　　3　歩<ruby>ある</ruby>く　　　　　4　歩<ruby>ある</ruby>け

[정답]　2　A : 새 운동화군요.
　　　　　　B : 이거라면 산에 갈 때도 걷기 편하죠.

[어휘]　あたらしい 새롭다 | うんどうぐつ 운동화 | 歩<ruby>ある</ruby>く 걷다

[해설]　동사의 「ます」형에 「やすい」를 붙이면 '~하기 쉽다, 좋다, 편하다'라는 뜻으로 쓰인다. 「にくい」를 붙이면 반대로 '~하기 어렵다, 힘들다, 불편하다'가 된다. 같이 외워 두자.

<u>6</u>　冷蔵庫<ruby>れいぞうこ</ruby>の　中に　くだものが　入<ruby>はい</ruby>って　（　　）。
　　1　います　　　　　2　します　　　　　3　おきます　　　　　4　あります

[정답]　1　냉장고 안에 과일이 들어 있습니다.

[어휘]　冷蔵庫<ruby>れいぞうこ</ruby> 냉장고 | くだもの 과일 | 入<ruby>はい</ruby>る 들어가다

[해설]　「入<ruby>はい</ruby>っている(들어 있다)」, 「入<ruby>い</ruby>れてある(넣어져 있다)」처럼 자동사 뒤에 「ている」를 넣거나, 타동사 뒤에 「てある」를 넣으면 상태의 표현이 된다. 자동사 상태는 자연적으로 되어 있는 상태를, 타동사 상태는 목적을 가지고 한 행위의 결과의 상태를 말한다는 차이가 있다. 3번 선택지의 「おきます」를 사용한다면 「くだものを　いれて　おきます(과일을 넣어 두겠습니다)」와 같이 써야 한다.

<u>7</u>　A　「この　みせで　チーズケーキを　たべませんか。」
　　B　「太<ruby>ふと</ruby>るから　ケーキは　食べない　ことに　（　　）。」
　　1　なりました　　　2　しました　　　3　きまりました　　　4　されました

[정답]　2　A: 이 가게에서 치즈케이크를 먹지 않겠습니까?
　　　　　　B: 살찌기 때문에 케이크는 먹지 않기로 했습니다.

[어휘]　みせ 가게 | 太<ruby>ふと</ruby>る 살찌다

[해설]　자신의 의지로 '~하지 않기로 하다'라는 표현은 「~ないことにする」를 쓴다. 상황에 의해 '~하지 않게 되다'라는 표현은 「する」가 아니라 「なる」라는 것도 함께 외워 두자.

<u>8</u>　明日<ruby>あした</ruby>は　午後<ruby>ごご</ruby>、お客<ruby>きゃく</ruby>さんが　くる　（　　）。
　　1　しか　ありません　　　　　　　　2　かも　しれません
　　3　ことに　します　　　　　　　　　4　わけです

[정답]　2　내일은 오후에 손님이 올지도 모릅니다.

[어휘]　午後<ruby>ごご</ruby> 오후 | お客<ruby>きゃく</ruby>さん 손님

[해설]　「~しかありません」은 '~할 수 밖에 없습니다', 「かもしれません」은 '~일지도 모릅니다', 「ことにします」는 '~하기로 하겠습니다', 「わけです」는 '분명히 ~일 것입니다'라는 뜻의 문형이다.

9 $\underset{\text{ちち}}{父}$が わたしに あたらしい スーツを （　　）。

1　かって　くれました
2　かって　もらいました
3　かって　あげました
4　かって　みました

정답　1　아빠가 나에게 새 양복을 사주었습니다.

어휘　あたらしい 새롭다 | スーツ 양복

해설　「あげる」는 '내가 남에게 주다'이고 「くれる」는 '남이 나에게 주다'이다. 또한 「もらう」는 '받다'라는 뜻이다. 아빠가 나에게 주었으므로 「くれる」를 써야 한다. 「もらう」가 정답이 되려면 「$\underset{\text{わたし}}{私}$は 父に～てもらう」가 되어야 한다.

---

10 かさを　もって　行かなかったら　$\underset{\text{あめ}}{雨}$に（　　）。

1　降らせました
2　降らされました
3　降られました
4　降りました

정답　3　우산을 안 가지고 갔더니 비를 맞았습니다.

어휘　かさ 우산 | もって$\underset{\text{い}}{行}$く 가지고 가다 | $\underset{\text{あめ}}{雨}$が$\underset{\text{ふ}}{降}$る 비가 오다

해설　상대가 어떤 행동을 해서 내가 그 행동에 영향을 받는 표현을 수동형이라고 한다. 수동형으로 올바르게 만든 것은 3번밖에 없다.

---

11 A　「きのうは　ここで　$\underset{\text{じ こ}}{事故}$が（　　）ね。」

B　「ニュースで　見ましたが　けがを　した　人は　いなかったようです。」

1　あるそうです
2　あったそうです
3　ある　つもりです
4　あっても　いいです

정답　2　A : 어제 여기에서 사고가 있었다고 합니다.　B : 뉴스에서 봤는데 다친 사람은 없는 것 같아요.

어휘　$\underset{\text{じ こ}}{事故}$ 사고 | ニュース 뉴스 | けが 부상

해설　「あるそうです」는 '있다고 합니다', 「あったそうです」는 '있었다고 합니다', 「あるつもりです」는 '있을 생각입니다', 「あってもいいです」는 '있어도 좋습니다'라는 뜻이다. 사고는 '어제' 일어났으므로 과거형인 「あった」를 써야 한다.

---

12 A　「$\underset{\text{た なか}}{田中}$さんは　$\underset{\text{あした}}{明日}$　ここに　きますか。」

B　「$\underset{\text{あした}}{明日}$（　　）わかりません。」

1　くるように
2　くるか　どうか
3　くるのに
4　くるのも

정답　2　A : 다나카 씨는 내일 여기에 옵니까?　B : 내일 올지 안 올지 모르겠습니다.

어휘　かどうか ～인지 아닌지, ～인가 어떤가

해설　불확실한 짐작을 나타낼 때 조사 「か(인지, 할지)」를 붙여 표현한다. 비슷한 맥락으로 「かどうか」는 '～인지 어떤지'를 의미하며 보통형(반말체)에 접속한다.

---

13 A　「レポートは　いつまでに　$\underset{\text{だ}}{出}$すことに　なって　いますか。」

B　「$\underset{\text{らいしゅうちゅう}}{来週中}$に（　　）。」

1　$\underset{\text{だ}}{出}$さなくても　いいです
2　$\underset{\text{だ}}{出}$す　ことに　しました
3　$\underset{\text{だ}}{出}$さなければ　なりません
4　$\underset{\text{だ}}{出}$しにくいです

정답 3 A: 리포트는 언제까지 내기로 되어 있습니까? B : 다음 주 중으로 내지 않으면 안 됩니다.

어휘 出<ruby>だ<rt></rt></ruby>す 내다 | 来週中<ruby>らいしゅうちゅう<rt></rt></ruby> 다음 주 중

해설 「ことになっている(～하게 되어 있다)」는 규칙을 나타내는 말로 '언제까지 내기로 되어있나'라는 질문에는 언제까지 내야 한다는 대답이 와야 하므로 정답은 2번이 된다.

---

14 A 「すみませんが、この にもつを（　　）。」
　　B 「いいですよ。どこまで 運<ruby>はこ<rt></rt></ruby>びましょうか。」
　　1 運<ruby>はこ<rt></rt></ruby>んで もらえませんか　　　　2 運<ruby>はこ<rt></rt></ruby>んで ほしいですか
　　3 運<ruby>はこ<rt></rt></ruby>んだら どうですか　　　　　4 運<ruby>はこ<rt></rt></ruby>ぶと いいですか

정답 1 A : 죄송하지만, 이 짐을 옮겨 줄 수 없을까요?
　　　 B : 좋아요, 어디까지 옮겨 줄까요?

어휘 にもつ 짐 | 運<ruby>はこ<rt></rt></ruby>ぶ 나르다, 운반하다

해설 '상대방에게 어떤 행동을 해서 받는다'라는 표현은 「～てもらう」로 쓰는데 우리말로는 '상대방이 나에게 어떤 행동을 해 준다'로 해석된다. 의뢰나 부탁을 할 때에는 「もらう」의 가능형인 「もらえる」를 사용해 '～해 줄 수 없을까요?'라고 표현해야 한다.

---

15 A 「明日<ruby>あした<rt></rt></ruby>の うんどうかいは サンドイッチを 作<ruby>つく<rt></rt></ruby>る つもりだけど。」
　　B 「じゃあ、ぼくは のみものを（　　　　　）よ。」
　　1 持<ruby>も<rt></rt></ruby>って みる　　2 持<ruby>も<rt></rt></ruby>って しまう　　3 持<ruby>も<rt></rt></ruby>って あげる　　4 持<ruby>も<rt></rt></ruby>って 行く

정답 4 A : 내일 운동회는 샌드위치를 만들 생각인데. B : 그럼, 나는 음료수를 가져 갈게.

어휘 うんどうかい 운동회 | サンドイッチ 샌드위치 | 作<ruby>つく<rt></rt></ruby>る 만들다 | のみもの 음료수 | 持<ruby>も<rt></rt></ruby>つ 가지다

해설 A가 샌드위치를 만든다고 했으므로 B는 음료수를 가지고 간다고 말하는 것이 정답이 된다. 다른 선택지 「～てみる(～해 보다), ～てしまう(～해 버리다), ～てあげる(～해 주다)」의 의미도 반드시 알아 두자.

문제 2 　___ ★ ___에 들어갈 것은 어느 것입니까? 1 · 2 · 3 · 4에서 가장 적당한 것을 하나 골라 주세요.

16 A 「電話<ruby>でんわ<rt></rt></ruby>を ＿＿＿ ＿＿＿ ★ ＿＿＿ しまいました。」
　　B 「少<ruby>すこ<rt></rt></ruby>し 待<ruby>ま<rt></rt></ruby>って いれば すぐに きますよ。」
　　1 電車<ruby>でんしゃ<rt></rt></ruby>が　　　　2 あいだに　　　　3 行<ruby>い<rt></rt></ruby>って　　　　4 して いる

정답 1 A : 전화를 하고 있는 사이에 열차가 가버렸습니다. B : 좀 기다리고 있으면 금방 올 거에요.

올바른 문장 電話<ruby>でんわ<rt></rt></ruby>を して いる あいだに ★電車<ruby>でんしゃ<rt></rt></ruby>が 行<ruby>い<rt></rt></ruby>ってしまいました。

어휘 電車<ruby>でんしゃ<rt></rt></ruby> 전철 | あいだ 사이

해설 문장 만들기 문제는 선택지를 보고 첫 번째 혹은 네 번째에 올 수 있는 것을 먼저 찾으면 쉽게 풀린다. 우선 「電話を」뒤에 무엇이 올까를 생각해 보면 선택지 1, 2, 3은 부자연스럽고 4번 「電話を」+「している」를 배열할 수 있다. 또한 「～て しまう(～해 버리다)」의 문형을 알고 있다면 선택지 3번을 네 번째에 배열하면 된다. 선택지 2번의 「～あいだに(～하는 사이에)」는 동사 진행형 「～ている」가 온다. 올바른 순서는 4-2-1-3 이 된다.

17 右の ボタンを ＿＿＿＿ ＿★＿ ＿＿＿＿ ＿＿＿＿ です。

1　出て くる　　　　2　押せば　　　　3　コーヒーが　　　　4　はず

정답 3　오른쪽 버튼을 누르면 커피가 분명히 나올 것입니다.

올바른 문장 右の ボタンを 押せば ★コーヒーが 出て くる はずです。

어휘 押す 누르다, 밀다 | はず 분명히 ~일 것이다

해설 「ボタンを押す」는 '버튼을 누르다'라는 뜻으로 선택지 2번이 첫 번째 빈칸에 온다. 그리고 「です」앞에 선택지 1번, 3번 「出てくる＋です(X)・コーヒーが＋です(X)」는 불가능 하고 '분명히, 당연히 ~일 것이다' 라는 뜻을 가지고 있는 「동사의 보통형＋はず」가 오게 된다. 올바른 순서는 2-3-1-4 이다.

---

18 日本語の ＿＿＿＿ ＿＿＿＿ ＿★＿ ＿＿＿＿ 練習しました。

1　一生懸命に　　　2　ように　　　　3　発音を　　　　4　間違えない

정답 2　일본어 발음을 틀리지 않도록 열심히 연습했습니다.

올바른 문장 日本語の 発音を 間違えない ★ように 一生懸命 練習しました。

어휘 発音 발음 | 間違える 틀리다 | 練習 연습 | 一生懸命に 열심히

해설 우선 접속 형태로 본다면 「日本語の」에 접속 가능한 선택지는 2번 「ように」와 3번 「発音を」이지만, 「ように」를 선택지 4번 「間違えない＋ように」로 유추해 본다면 첫 번째에 「発音を」를 놓을 수 있다. 뒤에 「間違えないように」를 배치하면 나머지 1번은 자연스럽게 마지막 「一生懸命練習しました」가 된다. 올바른 순서는 3-4-2-1 이다.

---

19 A　「さっき 中村さんと いう 人から 電話が ありましたよ。」

B　「その 人は ＿＿＿＿ ＿★＿ ＿＿＿＿ ＿＿＿＿ なって います。」

1　夕方　　　　2　高校の　　　　3　会う ことに　　　　4　先輩で

정답 4　A : 아까 나카무라 씨라고 하는 사람에게서 전화가 왔어요.

　　　 B : 그 사람은 고등학교 선배이고, 오늘 저녁에 만나기로 되어있습니다.

올바른 문장 その 人は 高校の ★先輩で 夕方 会う ことに なって います。

어휘 高校 고등학교 | 先輩 선배 | 夕方 저녁

해설 「~ことになっている」는 '~하게 되어 있다'는 뜻이며 '누구를 언제 만나게 되어 있다'로 배열하면 올바른 순서는 2-4-1-3 이다.

---

20 A　「車は 店の 前に 置いても いいですか。」

B　「危険 ＿＿＿＿ ＿＿＿＿ ＿★＿ ＿＿＿＿ いただけませんか。」

1　屋上の　　　　2　とめて　　　　3　駐車場に　　　　4　ですから

정답 3　A : 차는 가게 앞에 두어도 됩니까?

　　　 B : 위험하니까 옥상 주차장에 세워 주실 수 없을까요?

올바른 문장 危険ですから 屋上の ★駐車場に とめて いただけませんか。

어휘 危険 위험 | 屋上 옥상 | 駐車場 주차장 | とめる 세우다

해설　의뢰나 부탁을 할 때 자주 등장하는 표현은 「～ていただけませんか(～해 주시겠습니까, ～해 받을 수 있을까요?)」
이므로 선택지 2번을 네 번째에 놓고 '～하니까 ～해 주시겠습니까?'로 배열하면 4-1-3-2가 된다.

문제 3　21 에서 25 에 무엇을 넣습니까? 글의 의미를 생각하여 1·2·3·4에서 가장 적당한 것을 하나 골라 주세요.

下の 文章は 「結婚」に ついての 意見です。

> 　最近、結婚しない若い人が（ 21 ）。原因はいろいろあると思いますが、とくに経済の問題が大きいよ
> うです。今は昔にくらべて（ 22 ）のはたしかです。大学を卒業しても会社に入るのは簡単じゃありませ
> ん。家を建てるのはむずかしいし、子どもを育てることもたいへんです。無理をして結婚（ 23 ）一人で
> 生活するほうがいいと思う人が多いのでしょう。一人（ 24 ）、自由においしい料理を食べたり、旅行に
> 行ったり、趣味を楽しむことができると考えるのかもしれません。（ 25 ）家族がいない生活はさびしい
> です。私は結婚して、兄弟や子どもたちといっしょにいた方がもっと楽しいと思います。

다음 글은 '결혼'에 대한 의견이다.

　최근, 결혼하지 않는 젊은 사람이 21 늘고 있다고 합니다. 원인은 여러 가지가 있다고 생각하지만, 특히 경제 문제가 큰 것
같습니다. 지금은 옛날에 비해서 22 결혼하기 어려운 것은 분명합니다. 대학을 졸업해도 회사에 들어가는 것은 쉽지 않습니
다. 집을 마련하는 것은 어렵고 아이를 키우는 것도 힘이 듭니다. 무리를 해서 결혼 23 하지 않고 혼자서 생활하는 편이 좋다
고 생각하는 사람이 많은 것이겠지요. 혼자 24 라면 자유롭게 맛있는 요리를 먹기도 하고 여행을 가기도 하고 취미를 즐길 수
있다고 생각하는 것일지도 모르겠습니다. 25 그러나 가족이 없는 생활은 외롭습니다. 저는 결혼해서 형제와 아이들과 함께 있
는 편이 더 즐겁다고 생각합니다.

어휘　結婚 결혼 | 若い 젊다,어리다 | 原因 원인 | とくに 특히 | 経済 경제 | 昔 옛날 | たしか 분명함, 확실함 | 卒
業 졸업 | 家を建てる 집을 세우다 | 育てる 키우다 | 生活 생활 | 自由 자유 | 趣味 취미 | 楽しむ 즐기다 |
兄弟 형제

21　1　増えて　いる　はずです　　　　　　　　2　増えて　いません
　　3　増えて　いるかも　しれません　　　　　4　増えて　いる　そうです

정답　4

해설　문장의 문법에서는 문제를 풀 때 선택지를 먼저 보지 말고 본문을 읽으면서 괄호 안에 들어갈 내용을 써보고 선택지
를 보는 것이 이 문제를 푸는 요령이다. 「最近～が～そうだ(최근 ～가 ～한다고 한다)」로 문장을 구성할 수 있다.
1번은 '분명히 늘고 있습니다', 2번은 '늘고 있지 않습니다', 3번은 '늘지도 모릅니다'로 해석되므로 정답은 전문의 의
미를 지니고 있는 4번이 된다.

22　1　結婚しやすい　　　　2　結婚しにくい　　　　3　結婚したがる　　　　4　結婚して　よかった

정답　2

해설　위 글은 결혼하지 않는 사람들이 늘고 그 이유는 경제적 문제가 크다고 말하고 있다. 괄호 안에는 「今は昔にくらべ
て(결혼하기 어려운)のは　たしかです」가 된다. '～하기 어렵다, 힘들다'의 의미를 가지는 「ます형＋にくい」2번
이 정답이 된다. 1번은 '결혼하기 쉽다', 3번은 '결혼하고 싶어 하다', 4번은 '결혼해서 다행이다'로 해석한다.

23	1 しても	2 しながら	3 したら	4 しないで

정답 4

해설 문맥상 혼자서 생활하는 편이 좋다고 말하기 때문에 '결혼하지 않고'가 앞부분에 나와야 하므로 「無理をして結婚(하지 않고)一人で生活するほうがいい」가 된다. 선택지 1번은 '～해도', 2번은 '～하면서', 3번은 '～하면'으로 해석되므로 정답이 될 수 없다.

24	1 なら	2 より	3 から	4 だけ

정답 1

해설 괄호 뒷부분을 보면 혼자서 할 수 있는 내용들이 나온다. '자유롭게 맛있는 것을 먹거나 ～취미를 즐길 수가 있다' 이므로 괄호 안에는 '혼자라면 ～할 수 있다' 「一人(なら/らば) ～できる」가 된다.

25	1 それで	2 けれど	3 だから	4 やっと

정답 2

해설 '혼자라면 취미를 즐길 수 있다.' 뒤에는 반대되는 내용 '가족이 없는 생활은 외롭다'가 나오므로 괄호 안에는 역접의 접속사 「けれど」가 와야 한다. 다른 선택지 「それで(그래서), だから(때문에), やっと(겨우)」도 알아 두자.

실전모의테스트 2회

문법

문제 1 ( )에 무엇을 넣습니까? 1·2·3·4에서 가장 적당한 것을 하나 골라 주세요.

1 この 薬は いちにち ( ) 3かい のまなければ なりません。

　　1 は　　　　　2 に　　　　　3 も　　　　　4 で

정답 2　이 약은 하루에 세 번 먹어야 합니다.

어휘 いちにち 하루 | 3かい 세 번, 3회 | ～は ～은/는 | ～に ～에 | ～も ～도 | ～で ～에서, ～로

해설 「に」는 사용 범위가 매우 넓은데 대체로 우리말 '～에'와 비슷하다고 생각하면 된다. 주어진 문장의 '하루에 세 번'이라는 표현에는 비율의 기준을 나타내는 의미로 「に」를 써야 하므로 정답은 2번.

---

2 試合に かった せんしゅたちは みんな ( ) ほめられました。

　　1 まで　　　　2 でも　　　　3 なら　　　　4 から

정답 4　시합에 이긴 선수들은 모두로부터 칭찬받았습니다.

어휘 試合 시합 | かつ 이기다 | せんしゅたち 선수들 | みんな 모두, 전부 | ほめられる 칭찬받다 | ～まで ～까지 | ～でも ～라도 | ～なら ～라면 | ～から ～(로)부터

해설 '선수들이 모두로부터 칭찬받았다'는 뜻의 문장을 만들려면 「～から(～로부터)」가 들어가야 하므로 정답은 4번 「から」이다. 선택지에는 없지만 「から」 대신 「に」를 쓸 수도 있다. 문장 끝의 「ほめられました」는 「ほめる(칭찬하다)」의 수동형 「ほめられる(칭찬받다)」가 정중한 과거형으로 쓰인 것이다.

---

3 A 「もうすぐ はるに なりますね。」

　　B 「そうですね。朝も 1月 ( ) 寒く なくなりました。」

　　1 らしく　　　2 なら　　　　3 ほど　　　　4 だから

정답 3　A : 이제 곧 봄이 되겠네요.

　　　　　B : 그렇네요. 아침도 1월만큼 춥지 않아졌습니다.

어휘 もうすぐ 이제 곧 | はる 봄 | ～に なる ～이 되다 | 朝 아침 | ～く ない ～하지 않다 | ～く なる ～하게 되다 | ～らしく ～답게 | ～なら ～라면 | ～ほど ～만큼 | ～だから ～이니까

해설 제시된 문장의 「1月(1월)」의 뒷부분 「寒くなくなりました(춥지 않게 되었습니다)」는 형태가 좀 어렵게 보일 수 있는데, 차근차근 살펴보면 「寒くない(춥지 않다) + なる(되다)」 → 寒くなくなる(춥지 않게 되다) → 寒くなくなりました(춥지 않게 되었습니다)의 순서로 생각하면 이해하기 쉬울 것이다. 앞뒤 문맥을 볼 때 「1月」와 「寒くなくなりました」의 사이에 올 적당한 말은 3번이다. 「～ほど～ない(~만큼 ~하지 않다)」의 문형을 알아 두면 더 좋다.

---

4 A 「こんどの にちようは どこに 行こうか。」

　　B 「こんで いなければ ( ) いいよ。」

　　1 いつでも　　　2 だれでも　　　3 どこでも　　　4 なんでも

정답 3 A : 이번 일요일은 어디에 갈까? B : 막히지 않는다면 어디라도 좋아.

어휘 こんど 이번 | にちよう 일요일 | こむ 막히다, 붐비다 | 〜でも 〜라도, 〜든지

해설 A가 「どこに 行こうか(어디로 갈까?)」 하고 장소를 묻고 있기 때문에 장소를 나타내는 말로 대답해야 하는데 B의 문장에는 장소를 나타내는 말이 빠져 있다. 그렇기 때문에 괄호 안에는 장소를 나타내는 표현인 3번 「どこでも(어디 든지)」가 들어가야 한다.

---

5 私が 行くから 心配（   ）いいですよ。
　　1　しても　　　　　2　した ほうが　　3　しなくても　　　4　して あげれば

정답 3 내가 갈 테니까 걱정하지 않아도 돼요.

어휘 心配 걱정 | 〜しても 〜해도 | 〜したほうが 〜하는 편이 | 〜しなくても 〜하지 않아도 | 〜してあげれば 〜해 드리면

해설 「私が 行くから(내가 갈 테니까/갈 거니까)」라는 말로 시작하고 있고 「心配(걱정)」이라는 단어가 주어졌기 때문에, 뒷부분에는 '걱정하지 말라'는 표현이 이어질 것으로 예상된다. 따라서 「心配しなくても いい(걱정하지 않아도 된 다)」라는 문장을 만들 수 있는 3번이 정답이 된다.

---

6 鈴木　「もしもし　田中さん、きょうは　何時ごろ　おわりますか。」
　　田中　「すみません。いま　忙しくて　あと　1時間は（　　）。」
　　1　かかるそうです　　2　かかったんです　　3　かかりそうです　　4　かかったようです

정답 3 스즈키 : 여보세요, 다나카 씨, 오늘은 몇 시쯤 끝납니까?
　　　　다나카 : 죄송합니다. 지금 바빠서 앞으로 1시간은 걸릴 것 같습니다.

어휘 おわる 끝나다 | あと 앞으로

해설 몇 시쯤 끝나냐는 질문이므로 대략 언제쯤 끝날지 예상되는 시간을 말해야 한다. 따라서 2번과 4번처럼 과거형으로 말할 수 없고 1번은 예상, 추측에 사용하는 문형이 아니라 남에게 들은 것을 전할 때 사용하는 '전문'의 형태이다. 따 라서 정답은 3번. 전문은 「동사 보통형+そうだ」의 형태로 '〜라고 한다'의 뜻을 나타내고, 추측은 「ます형+そう だ」의 형태로 '〜일 것 같다'의 뜻을 나타낸다는 것을 반드시 구분해서 알아 두어야 한다.

---

7 A　「自転車の　かぎは　どこに　ありますか。」
　　B　「そこの　テーブルの　上に　おいて（　　）よ。」
　　1　います　　　　　2　あります　　　　3　おきます　　　　4　しまいます

정답 2 A : 자전거 열쇠는 어디에 있습니까? B : 거기 테이블 위에 놓여 있어요.

어휘 自転車 자전거 | かぎ 열쇠

해설 자전거 열쇠가 어디 있는지 물었고 대답이 되는 문장에 테이블 위라는 표현과 '두다, 놓다'라는 뜻을 가진 동사 「お いて(기본형 おく)」가 주어져 있다. 이 문제는 상태를 나타내는 「〜てある」와 「〜ている」에 관한 문제라는 것을 알 수 있다. 상태를 나타낼 때는 「타동사+てある」「자동사+ている」의 형태가 되어야 한다. 「おく」는 타동사이므로 「おいてあります(놓여 있습니다)」라고 해야 하므로 정답은 2번이다.

---

8 A 「いっしょに 食事に 行きませんか。」

　　B 「（　　）　たべたばかりで 今は おなかが いっぱいです。」

　　1 さっき　　　　2 きのう　　　　3 これから　　　　4 すぐに

정답 1 A : 함께 식사하러 가지 않을래요?　B : 아까 막 먹어서 지금은 배가 불러요.

어휘 食事 식사 | ～たばかり 막 ～했다 | おなか 배

해설 여기서 중요한 표현은 「たべたばかり」인데 이것은 '지금 막 먹었다, 먹은 지 얼마 안 되었다'는 뜻이다. 따라서 이 표현 앞에는 2번 「きのう(어제)」처럼 시간이 많이 지난 과거도 올 수 없고 3번과 4번처럼 앞으로 일어날 일을 말할 때 쓰는 「これから(지금부터, 앞으로)」나 「すぐに(금방, 곧)」도 올 수 없다. 정답은 1번 「さっき(방금)」이다.

---

9 授業が おわってからも 先生に べんきょう（　　）。

　　1 しました　　　　2 させました　　　　3 させられました　　　4 されました

정답 3 수업이 끝나고 나서도 선생님이 공부를 시켜서 했습니다.

어휘 授業 수업

해설 상대방이 시켜서 어쩔 수 없이 했음을 나타낼 때 '사역수동형'을 사용하는데, 직역하면 '～시킴을 당하다, ～하게 함을 당하다'가 된다. 동사 뒤에 바로 이어지는 부분에는 사역형(せる/させる), 그 뒤에 수동형(られる)을 붙이는 형태가 되는데, 다시 말하면 「동사+(さ)せられる」가 된다. 따라서 정답은 3번. 「べんきょうする(공부하다) → べんきょうさせる(공부시키다) → べんきょうさせられる(공부시킴을 당하다, 억지로 공부하다)」

---

10 母が わたしに セーターを（　　）。

　　1 おくって あげました　　　　　　2 おくって やりました

　　3 おくって もらいました　　　　　4 おくって くれました

정답 4 엄마가 나에게 스웨터를 보내 주었습니다.

어휘 おくる 보내다 | あげる 주다, 드리다 | やる 주다 | もらう 받다

해설 '나에게 무엇을'이라는 표현에서 조사에 주의한다. '나에게'이므로 '받았다'는 동사가 아니라 '주었다'는 동사를 찾아야 하므로 우선 3번은 오답. 일본어의 '주다'에는 「くれる (남이 나에게) 주다」「あげる (내가 남에게/남이 남에게) 주다, 드리다」「やる (내가 남에게/남이 남에게) 주다」라는 단어가 있으므로 상황에 맞게 구분해서 사용해야 한다. 이 문장에서는 엄마가 나에게 스웨터를 보내 준 것이므로 4번이 정답이다.

---

11 A 「だいがくでは なにを 研究して いますか。」

　　B 「アメリカの 歴史（　　）しらべて います。」

　　1 に よって　　　2 に ついて　　　3 に とって　　　4 に くらべて

정답 2 A : 대학에서는 무엇을 연구하고 있습니까?　B : 미국의 역사에 대해서 알아보고 있습니다.

어휘 研究 연구 | 歴史 역사 | しらべる 알아보다

해설 「しらべる(알아보다, 조사하다)」는 보통 '～에 대해 알아보다'의 형태로 쓰이므로 2번 「について」가 정답이다. 시험에 자주 출제되는 표현이므로 선택지로 나온 네 가지를 모두 암기해 두자. 「～によって(～에 의해, ～에 따라), ～에 대해), ～について(～에 대해), ～にとって(～에 있어서), ～にくらべて(～에 비해)」

12 母 「パソコン（　　）見ていると　めが　わるくなりますよ。」

子 「あと　1時間だけ　やったら　ねるから。」

1　ばかり　　　　　2　ながら　　　　　3　よりも　　　　　4　しか

정답 1 엄마 : 컴퓨터만 보고 있으면 눈이 나빠져요.

아이 : 앞으로 한시간만 하면 잘거에요.

어휘 め 눈 | あと 앞으로 | やる 하다

해설 1번 「ばかり(~만)」는 범위를 한정하는 말이며 주로 부정적인 뉘앙스로 쓰인다. 2번 「ながら(~하면서)」는 동사 ます형에 붙어 동작이 병행되고 있음을 나타내는 말이다. 3번 「よりも(~보다도)」는 비교하는 표현이므로 앞에 언급한 무언가보다 '어떠하다'라는 내용이 뒤에 나와야 한다. 4번 「しか(~밖에)」는 부정어 「ない」와 함께 쓰인다. 따라서 정답은 1번 「ばかり」이다.

---

13 A 「しょるいが　まだ　届いて　いませんが。」

B 「1週間　まえに　出したそうですから　もう　とどく（　　）ですよ。」

1　らしい　　　　　2　ため　　　　　3　とき　　　　　4　はず

정답 4 A : 서류가 아직 도착하지 않았는데요.

B : 일주일 전에 보냈다고 하니까 이제 분명히 도착할 거예요.

어휘 しょるい 서류 | 届く 도착하다 | 出す 보내다 |

해설 1번 「らしい」는 불확실한 근거를 가지고 추측할 때 사용하며, 2번 「ため」는 동사에 연결했을 때 '~하기 위해서'라는 뜻으로 쓰인다. 3번 「とき」는 동사에 연결했을 때 '~할 때'가 되며, 4번 「はず」는 당연히 그래야 마땅하다는 뜻으로 '~할 터, ~할 것'으로 해석된다. 따라서 정답은 4번이다. 두 번째 문장의 「出したそうですから(부쳤다고 하니까요)」는 「동사 보통형+そうだ」의 형태로 전문을 나타내고 있다는 것도 알아 두자.

---

14 A 「部長は　来られましたか。」

B 「はい、前田は　30分ほど　まえに（　　）。」

1　いらっしゃいました　　　　　　　　2　ございました

3　まいりました　　　　　　　　　　4　こられました

정답 3 A : 부장님은 오셨습니까?

B : 네, 마에다는 30분쯤 전에 왔습니다.

어휘 部長 부장님

해설 「来られましたか(오셨습니까)」라는 표현은 「来ましたか(왔습니까)」의 존경어 형태이다. 반대로 자기가 속한 회사 쪽 사람은 상사라도 다른 회사 사람 앞에서는 낮추어 표현하기 때문에 겸양어로 표현해야 한다. 따라서 「来る(오다)」의 겸양어 「まいる(가다, 오다)」를 사용한 3번이 정답이다.

---

15 こどもが　はやく　歩けるように（　　）です。

1　なって　みたい　2　なって　ほしい　3　なっても　いい　4　なる　つもり

정답 2 아이가 일찍 걸을 수 있게 되기를 바랍니다.

어휘 歩く 걷다

해설 1번 「なってみたい」의 「てみたい(~해 보고 싶다)」는 자신의 의지를 나타내는 표현이므로 이 문장에 맞지 않는다. 2번 「なってほしい」의 「てほしい」는 남이 어떻게 해 주길 바랄 때 쓰는 표현이다. 「なる(되다)」의 て형에 연결되어 '되었으면 좋겠다'는 뜻이 되므로 2번이 정답이다. 3번 「なってもいい(되어도 좋다)」, 4번 「なるつもり(될 생각이다)」는 문맥에 맞지 않는 표현이므로 오답이다.

문제 2 ___★___ 에 들어갈 것은 어느 것입니까? 1·2·3·4에서 가장 적당한 것을 하나 고르세요.

16 パソコンは _____ _____ ★ _____ できます。

　1　つかう　ことが　　　2　簡単に　　　　　3　このごろ　　　　4　だれでも

정답 2 컴퓨터는 요즘 누구라도 간단하게 사용할 수 있습니다.

올바른 문장 パソコンは　このごろ　だれでも　★簡単に　つかう　ことが　できます。

어휘 つかう 사용하다 | このごろ 요즘

해설 우선 맨 끝에 있는 「できます(할 수 있습니다)」를 보고 무엇을 할 수 있다는 것인지 선택지를 보면 1번에 「つかう(사용하다)」라는 동사가 들어가 있다. 「동사+ことが できる(~할 수 있다)」의 문형을 외워 두면 「つかう ことが できます」를 쉽게 연결할 수 있다. 2번 「簡単に(간단히)」는 부사 형태로 동사를 꾸며 주기 때문에 동사 앞에 놓는다.

---

17 A 「としょかんが　きょう　休みか　どうか　しって　いますか。」

　B 「きのうは _____ _____ ★ _____ 。」

　1　おもいます　　　2　休みだったから　　　3　開いていると　　　4　たぶん

정답 3 A : 도서관이 오늘 쉬는지 어떤지 알고 있습니까?

　B : 어제는 휴일이었기 때문에 아마 열려 있을 거라고 생각합니다.

올바른 문장 きのうは　休みだったから　たぶん　★開いて　いると　思います。

어휘 としょかん 도서관 | 開く 열리다 | たぶん 아마

해설 서술어가 될 표현을 찾으면 1번 「おもいます」가 맨 끝 자리, 「おもう」라는 동사는 주로 「~と おもう(~라고 생각하다)」 형태로 쓰기 때문에 1번 앞에 3번. 남아 있는 2번과 4번은 뭔가를 예상할 때는 근거가 되는 내용인 「きのうは 休みだったから たぶん~(어제는 휴일이었으니 아마~)」의 순서로 나열한다. 전체 순서를 보면 2-4-3-1이 된다.

---

18 A 「きのうから　歯が　いたくて　夜も　ねむる　ことが　できません。」

　B 「ひどく _____ _____ ★ _____ いいですよ。」

　1　行った　　　2　びょういんに　　　3　ならないうちに　　　4　ほうが

정답 1 A : 어제부터 이가 아파서 밤에도 잘 수가 없습니다.　B : 심해지기 전에 병원에 가는 편이 좋아요.

올바른 문장 ひどく　ならないうちに　びょういんに　★行った　ほうが　いいですよ。

어휘 歯 이, 치아 | ねむる 잠들다 | びょういん 병원

해설 먼저 맨 앞의「ひどく」의 형태로 보아 뒤에는「〜く なる(〜해지다)」「〜く ない(〜하지 않다)」등의 형태가 올 수 있다. 따라서 3번을 연결해 보면「ひどく ならないうちに(심하게 되지 않는 동안에 → 심해지기 전에)」가 된다. 여기서「〜ないうちに」는 '〜하기 전에'라는 뜻이다. 또한, 문장 끝에 있는「いいですよ」를 보면「〜たほうが いい」라는 충고, 조언의 표현을 생각할 수 있다. 연결해 보면「行った ほうが いいですよ(가는 편이 좋아요)」가 된다. 2번과 4번의 순서를 자연스럽게 나열해 보면, 3-2-1-4가 된다.

---

19 金曜日は _____ _____ __★__ _____ して います。」

1 帰る ことに 2 するために 3 テニスを 4 5時までに

정답 4 금요일은 테니스를 하기 위해서 5시까지 집에 가는 것으로 하고 있습니다.

올바른 문장 金曜日は テニスを するために ★5時までに 帰る ことに して います。

어휘 帰る 돌아가다, 돌아오다 | までに 까지

해설 1번 선택지「帰ることに」와 문장 끝의「して います」를 연결하면「ことにする(〜하기로 하다)」라는 문형이 되므로 둘을 연결한다.「帰る(귀가하다)」라는 동사 앞에는 시간을 나타내는 4번「5時までに(5시까지)」를 놓고, 왜 5시까지 귀가하는지 이유를 나타내는 표현 3번, 2번 순서로 넣어 보면,「金曜日は テニスを するために 5時までに 帰ることに して います。(금요일은 테니스를 하기 위해서 5시까지 집에 가는 것으로 하고 있습니다)」라는 문장이 완성된다.

---

20 A「女性の 青い 運動靴は ありますか。」

B「すみません。_____ _____ __★__ _____ ありませんが。」

1 赤いの 2 運動靴は 3 女性の 4 しか

정답 1 A : 여성용 파란 운동화 있습니까? B : 죄송합니다. 여성 운동화는 빨간 것 밖에 없는데요.

올바른 문장 すみません。女性の 運動靴は ★赤いの しか ありませんが。

어휘 女性 여성 | 青い 파랗다 | 運動靴 운동화 | しか ~밖에

해설 선택지 1번「赤いの(빨간 것)」의「の(것)」는 명사 역할을 하며 선택지 3번「女性の(여성의)」의「の(〜의)」는 소유를 나타낸다. 따라서「女性の」뒤에 2번「運動靴は」를 연결하여 '여성의 운동화는'의 뜻이 되도록 하고, 명사 뒤에 써서 한정을 나타내는 4번「しか(〜밖에)」를 1번「赤いの」에 연결하면 된다. 이것을 순서대로 나열하면 3-2-1-4가 된다.「しか」는 우리말 '〜밖에'와 마찬가지로 부정의 뜻과 함께 쓰인다는 것도 알아 두자.

문제 3 **21** 에서 **25** 에 무엇을 넣습니까? 글의 의미를 생각하여 1 · 2 · 3 · 4에서 가장 적당한 것을 하나 고르세요.

아래의 문장은 유학생의 작문입니다.

저는 올해 대학에 입학했습니다. 처음에는 친구들이 적어서 외로웠지만, 일본문화연구회에 들어가서 매일이 **21** 즐거워졌습니다. 아직 일본에 관한 것은 잘 알지 못해서, 맨 처음에는 괜찮을까 하고 생각했지만, 지금은 **22** 완전히 익숙해졌습니다. 모임이 끝난 뒤에는 모두 같이 식사를 **23** 하면서 다양한 이야기를 합니다. 선배가 대학에 관한 일이라든가, 리포트를 어떻게 쓸지 **24** 가르쳐 주는 일도 있습니다. 그 후에, 놀러 가는 사람도 있고, 아르바이트를 하러 가는 사람도 있습니다. 나도 언젠가 아르바이트를 해 보고 싶습니다. 여름에는 모두 다 함께 바다에 가기로 했습니다. 일본에서 시골을 여행하는 것은 처음입니다. 기차를 탄 적도 한 번밖에 없어서 이번 여행을 매우 **25** 기대하고 있습니다.

21 1 楽しいかも しれません 2 楽しそうです　　3 楽しく なりました　4 楽しいでしょう

정답 3

해설 두 번째 문장 중간쯤에 「寂しかったですが(외로웠지만)」라고 했으므로 뒤에는 '지금은 그렇지 않다, 또는 지금은 그렇지 않게 되었다'는 내용이 와야 한다. 그러므로 정답은 3번 「楽しくなりました(즐거워졌습니다)」이 된다. 다른 선택지의 뜻도 알아 두자. 1번 「楽しいかもしれません(즐거울지도 모릅니다)」, 2번 「楽しそうです(즐거워 보입니다)」, 4번 「楽しいでしょう(즐겁겠지요)」.

22 1 かならず　　　　2 しばらく　　　　3 はっきり　　　　4 すっかり

정답 4

해설 선택지의 뜻을 먼저 살펴보면 1번부터 순서대로, 「かならず(반드시), しばらく(잠시, 얼마 동안), はっきり(분명히, 똑똑히), すっかり(완전히)」이다. 지문의 내용은 '처음에는 걱정을 했지만 지금은 익숙해졌다'는 뜻이므로, 정답은 4번이다.

23 1 しながら　　　　2 しないで　　　　3 しやすく　　　　4 したいが

정답 1

해설 선택지의 뜻을 먼저 살펴보면 1번부터 순서대로 「しながら(하면서), しないで(하지 않고), しやすく(하기 쉽게), したいが(하고 싶지만)」이다. 괄호 안에 1번 「しながら(하면서)」를 넣어 '식사를 하면서 이런저런 이야기를 한다'는 뜻이 되도록 한다. 정답은 1번.

24 1 教えて あげる　　2 教えて くれる　　3 教えて もらう　　4 教えて しまう

정답 2

해설 괄호 뒤에 명사가 나오기 때문에 그에 맞도록 선택지의 뜻을 살펴보면 1번부터 순서대로 「教えてあげる(가르쳐 드리는), 教えてくれる(가르쳐 주는), 教えてもらう(가르쳐 받는), 教えてしまう(가르치고 마는)」이다. 「〜てあげる」는 '〜해 주다'라고 해석할 수도 있고 '〜해 드리다'라고 해석할 수 있지만 「〜てくれる」와 구분하기 위해 '〜해 드리다'라고 해석하면 좋다. 「〜てあげる」는 내가 남에게 '〜해 드리는' 것이고 「〜てくれる」는 남이 나에게 '〜해 주는' 것이다. 「もらう」는 '받다'라는 뜻의 동사이므로 「あげる, くれる」와는 구분하기 쉽지만 「〜てもらう(~해 받다)」의 형태가 되면 직역했을 때 우리말에서는 사용하지 않는 표현이 되므로 주의하자.

25 1 楽しかったと 思います 2 楽しいでしょう　　3 楽しみに して います 4 楽しむでしょう

정답 3

해설 먼저 선택지의 뜻을 살펴보면 1번부터 순서대로 「楽しかったと思います(즐거웠다고 생각합니다), 楽しいでしょう(즐겁겠지요), 楽しみにしています(기대하고 있습니다), 楽しむでしょう(즐기겠지요)」가 된다. 또한 「楽しみ」는 명사로 '즐거움, 낙'이라는 뜻이다.